AF500238

MAULDE ET RENOU, IMPRIMEURS,
Rue Bailleul, 9 et 11.

PARIS

J. ANGÉ ET Cie, ÉDITEURS-LIBRAIRES,

RUE GUÉNÉGAUD, 19.

VERSAILLES, LIBRAIRIE DE L'ÉVÊCHÉ,

MÊME MAISON, RUE SATORY, 28.

# APPEL

AU CLERGÉ

ET AUX HOMMES RELIGIEUX,

AUX ADMINISTRATEURS,

AUX ARTISTES

ET AUX AMATEURS DES ARTS,

AUX GENS DU MONDE,

ET A TOUS LES AMIS DE NOTRE GLOIRE NATIONALE

ET DE NOS VIEUX MONUMENS.

# Introduction.

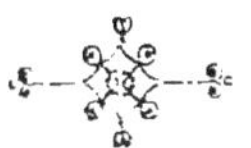

Le mot GOTHIQUE, dans le sens où on l'emploie généralement, est parfaitement impropre, mais parfaitement consacré. Nous l'acceptons donc, et nous l'adoptons comme tout le monde, pour caractériser l'architecture de la seconde moitié du moyen âge, celle dont l'ogive est le principe, qui succéda à l'architecture de la première période dont le plein cintre est le générateur.

V. HUGO.

APRÈS une longue période de dénigrement, après que plusieurs siècles se sont fait un jeu et presque un devoir de détruire et de mutiler les monumens de l'architecture du moyen âge, de déshonorer ou d'*embellir*, c'est-à-dire d'altérer suivant le goût du jour, ceux qu'ils ont été forcés de laisser subsister, des hommes sont venus, et à leur tête ont figuré tour à tour les Diderot, les Delille, les Goëthe, les Châteaubriand, qui ont eu la hardiesse de penser que peut-être ces siècles, dont nous ne parlons guère encore généralement qu'avec le sourire du dédain sur les lèvres, n'ont pas été aussi complètement barbares que les âges suivans ont eu intérêt à le publier; que cette force de raison qui avait porté des agrégations de clercs à conserver, dans l'ombre et le silence des cloîtres, à l'abri des guerres civiles et des invasions, les monumens de la littérature et des sciences de l'antiquité, pouvaient bien avoir aussi entretenu, dans une certaine classe, le feu sacré des arts. Ces champions d'un audacieux paradoxe se sont demandé si les anciens avaient épuisé tous les genres du beau, si les formes grecques et romaines étaient définitivement et irrévocablement le type unique de la perfection absolue, et si en réalité, le beau, qui n'est beau que comme expression de la nature ou de la pensée, n'était pas susceptible de varier, de se modifier, suivant telle ou telle nécessité, comme la nature elle-même, qui varie et se modifie suivant les saisons, selon les climats; comme la pensée, qui reçoit sa couleur des circonstances qui l'ont fait naître. Ces hommes se sont mis à examiner consciencieusement la question; et bien qu'ils n'eussent plus guère que des ruines à consulter, reconstruisant l'œuvre du génie avec des débris, de même que Cuvier avait reconstruit une partie de la création avec des fossiles, ils sont demeurés convaincus que les barbares que nous flétrissons d'une insultante pitié, orgueilleux que nous sommes de nos livres, de nos écoles, des illustrations qui s'asseyent dans leurs chaires, et de celles qui doivent sortir de leurs bancs, n'ignoraient ni la géométrie ni la statique, puisqu'ils ont su élever des constructions d'une légèreté, d'une audace inconnues aux architectes de l'antiquité, et capables néanmoins de résister aux efforts des siècles ; qu'ils pratiquaient les arts avec une certaine intelligence, puisqu'ils faisaient de si heureuses applications de la perspective, puisqu'ils ont tracé des formes d'une élégance, laissé des vitraux d'une richesse et d'une puissance d'effet, des sculptures d'un fini et d'une délicatesse que nos artistes les plus habiles ne se flatteraient pas de surpasser ; qu'enfin, bien que les architectes de ces temps d'ignorance ne puissent sans doute rivaliser avec ceux de nos jours, ils avaient au moins quelque sentiment confus de l'harmonie, puisqu'ils ont su imprimer à leurs conceptions un cachet de grandeur, de majesté, de recueillement qui nous frappe, nous saisit encore lorsque nous entrons dans nos vieilles cathédrales gothiques, toutes dépouillées et blanchies qu'elles sont, tout blasés, tout froids que nous sommes nous-mêmes sur les effets de l'art et sur les croyances religieuses.

Il est vrai que ces architectes, ou *maîtres-maçons*, comme on les appelait plus modestement, ont procédé par d'autres moyens que leurs prédécesseurs. Ils ont brisé l'art plein ceintre, supprimé l'architrave, méconnu ou dédaigné les proportions sages de l'architecture grecque et de l'architecture romaine; à l'angle ouvert du fronton des temples antiques, a succédé le pignon aigu; aux colonnes modulées furent substitués les faisceaux et ces fûts prolongés dont la hauteur n'a plus d'autres limites que le caprice de l'ordonnateur, ou la hauteur même du monument. Ces lignes, ces surfaces simples et tranquilles qui permettaient à l'œil de découvrir sans efforts toutes les parures, toutes les proportions de l'ordre employé par l'artiste d'Athènes ou de Rome, de juger sans distraction l'ensemble de son œuvre, firent place à un système de ressauts, de brisemens et d'ornemens multipliés avec une incroyable fécondité, adhérens ou inhérens à la construction et paraissant avoir pour but autant de tromper l'œil sur la masse réelle de l'édifice, que de le décorer ou de le consolider.

Il n'y a donc aucun point de comparaison entre deux choses aussi dissemblables dans leur principe et dans leur résultat, conçues dans deux ordres d'idées entièrement dépourvus d'analogie, et sous des influences de mœurs, de climats ou d'impressions religieuses d'une toute autre nature. Il ne faut donc point se servir du même code pour juger l'une et l'autre.

J'ai ouï dire cependant, mais je répugne à le croire, que des architectes de considération, des professeurs même, sourient avec dédain lorsqu'on leur parle de la nécessité d'étudier l'architecture du moyen âge pour la comprendre. On ajoute qu'ils enseignent à leurs nombreux élèves que la connaissance des règles de l'architecture antique suffit pour donner à celui qui la possède les connaissances nécessaires pour faire toute autre espèce d'architecture. Autant vaudrait dire aux élèves de nos collèges, qu'il leur suffira de posséder la grammaire de l'une de nos langues classiques, pour restituer un passage dans un auteur allemand ou espagnol, ou même pour écrire, au besoin, un poëme en chinois ou en sanscrit.

Du préjugé de l'école dont il serait

superflu ou peu obligeant de rechercher la cause, il résulte que chaque année creuse de plus en plus l'ornière tracée sous Louis XIV, sous les pas des lauréats qui vont s'ensevelir à Rome, condamnés à copier, à mesurer les mêmes débris, les mêmes types qui ont été copiés et mesurés mille fois par leurs prédécesseurs. Au bout de cinq ans consumés dans ces utiles labeurs, ils reviennent bégayant dorique, ionique ou corinthien; tout fiers quand ils ont pu découvrir quelque minime fragment de la palmette d'un chapiteau, quelque parcelle d'une antéfixe échappée à la loupe de leurs devanciers. Alors il n'est plus possible de les aborder. Ils suent, comme dit Labruyère, l'orgueil par tous les pores. Toutes les entreprises sont pour eux. On leur en inventerait même pour ne pas laisser mourir inféconde l'heureuse trouvaille qu'ils ont faite. Mais nos merveilleux monumens du moyen âge, personne ne s'occupe de les explorer, d'en étudier les différens âges, les divers styles; de reconstruire ce langage oublié. L'imprudent lauréat qui romprait son ban de cinq années pour aller en Allemagne ou en Angleterre utiliser, au profit de la connaissance des édifices gothiques, les travaux forcés auxquels il a été condamné pour relever en Italie le vieux rocher de Sisyphe, serait hué, sifflé, conspué; aussi voyons-nous presque tous les architectes chargés de réparer une vieille cathédrale du treizième ou du quatorzième siècle s'efforcer d'en régulariser la vieille architecture et de l'assouplir aux règles de Vignolle. Il en est même qui font une singulière confusion et qui bravement ajustent de l'égyptien ou de l'hindou sur du gothique, comme celui qui a reconstruit l'escalier de la Sainte-Chapelle, à Paris, il y a une vingtaine d'années.

Oui, chaque architecture a son *langage* particulier dont ses membres sont les phrases, ses détails plus ou moins simples, les mots et les lettres. Elle a pour achever la comparaison, sa syntaxe qui enseigne comment les mots doivent s'unir entre eux, comment le sujet doit être joint à l'attribut. Oui, il faut apprendre à lire cette langue comme toute autre, avant de songer à l'écrire. Il faut en connaître les tours, les finesses, les licences, indépendamment de l'emploi vulgaire des signes alphabétiques, avant de juger les œuvres qu'elle a produites, avant d'essayer de les retoucher ou d'en augmenter le nombre. La prétention contraire est une prétention désordonnée que ni la logique ni les faits ne justifient ; et l'on peut vraiment dire que les architectes qui s'efforcent de la propager, travaillent à reconstruire la tour de Babel.

L'architecture et la poésie ont un nouveau trait de ressemblance, c'est que toujours c'est la Divinité qui est l'objet des premières œuvres durables. Les dieux possédent déjà un sanctuaire que les hommes n'ont encore que des tentes ou des huttes pour habitations, et quel que soit le luxe et la magnificence qui descendent de cette hauteur jusqu'aux demeures des particuliers, fût-ce des rois, le temple demeure encore debout long-temps après que les palais ont disparu, pour montrer sans doute de combien les choses qui ont leurs fondemens dans le ciel l'emportent en durée sur celles qui ne reposent que sur les intérêts de la terre.

C'est donc dans les temples qu'on trouvera à la fois le symbole dominant des croyances d'un peuple et le type de son architecture.

Ce principe, sur lequel nous reviendrons, une fois admis, et je ne pense pas qu'il puisse être contesté, il ne faut pas s'étonner si l'architecture des peuples chrétiens ne ressemble pas à celle des peuples païens ; si les règles de l'une ne se formulent pas avec la même facilité que celles de l'autre : la religion chrétienne est pleine de mystères ; tout ce qui emprunte son esprit, son caractère, doit nécessairement avoir quelque chose de mystérieux et d'ineffable. Bornons-nous à essayer de découvrir les voies que les architectes du moyen âge ont suivies pour sortir des routes tracées par leurs devanciers ; tâchons, avec les derniers vestiges qui nous restent de nos vieux monumens, de faire en quelque sorte la palingénésie de l'art, si nous n'en pouvons encore formuler les préceptes. Tâchons surtout, pour comprendre ces poètes éloquens, de nous pénétrer des impressions profondes auxquelles ils paraissent avoir obéi, et qu'ils semblent s'être efforcés de traduire dans leurs œuvres, car il s'agit ici d'expliquer l'art, non par l'art, mais bien par les inspirations.

# Les Eglises gothiques

## PREMIÈRE PARTIE.

### Les Eglises Gothiques

Considérées sous les points de vue de l'histoire, de la poétique religieuse et de l'art.

## I

### PRINCIPES RELIGIEUX
### DE L'ARCHITECTONIQUE.

..... Rerum cognoscere causas.
LUCRÈCE.

Le dogme de la présence universelle et conséquemment simultanée d'un Dieu unique et invisible est infiniment trop sublime pour tomber dans la compréhension de l'esprit grossier et limité de l'homme. L'infini en étendue, en durée et en puissance dépasse sa portée. La raison le démontre par l'impossibilité du *fini*, qui laisse toujours subsister la nécessité de quelque chose après soi; mais l'imagination se perd dans ces profondeurs sans termes, où rien de ce qui tombe sous les sens ne peut la guider. Esclave de ces sens, dont les facultés, dont les perceptions sont, hélas! tellement circonscrites, elle se trouve obligée d'étayer sa faiblesse des notions matérielles qu'ils lui transmettent; de là vient la disposition invincible de l'homme à résumer ses conceptions les plus vastes dans des signes restreints, à traduire les opérations de sa raison par des images que ses sens puissent saisir.

L'homme sauvage, personnifiant la divinité de préférence sous la forme de l'objet de ses craintes, la fait tour à tour nuage, flamme, ou serpent. L'homme civilisé, ne connaissant aucune créature plus parfaite et plus intelligente que lui-même, lui prête sa propre forme. Les métaphysiciens, qui s'appliquent à traduire ou à résumer l'idée la plus compliquée par la formule ou par le signe le plus simple, adoptèrent, les uns le triangle, figure à laquelle Pythagore attachait des idées de perfection absolue, et que les chrétiens considéraient comme un symbole de la Trinité; d'autres, la ligne droite. Mais tous ces signes, quels qu'ils soient, ne sont que des preuves de la faiblesse et de l'infirmité de notre intelligence, de l'impossibilité où nous sommes de pousser ses investigations au delà du point où les sens cessent de la suivre et de lui prêter leur secours pour convertir les idées purement rationnelles en idées perceptibles. C'est pourquoi le christianisme ordonne sans cesse à la raison de s'humilier; car il sait que cette raison, aussi orgueilleuse, aussi téméraire qu'elle est fragile, ne peut faire un pas sans risquer de se briser.

La divinité, une fois ramenée à nos faibles proportions, il ne restait plus qu'à lui assigner le lieu de sa résidence. De même alors que l'homme avait paré ou défiguré l'image qu'il s'était faite au gré de ses terreurs, de ses passions ou de ses besoins, il lui fit une demeure circonscrite où il venait lui offrir ses expiations ou ses prières, ou la consulter.

L'humeur particulière à chaque peuple, les circonstances qui ont accompagné sa formation en corps social, ont, sans nul doute, beaucoup contribué à provoquer les différences qu'on remarque dans les diverses théogonies que l'histoire a transmises jusqu'à nous; mais l'influence du climat a peut-être agi plus puissamment encore que toute autre cause. Les impressions et les besoins des hommes nés au milieu des sables de l'Afrique, ou des savannes du Nouveau-Monde, ne pouvaient être les mêmes que ceux des habitans des noires forêts de l'antique Germanie. Les dieux de l'Inde ne devaient pas ressembler aux dieux de l'Amérique; les Grâces inventées par les Grecs ne sont pas de la même famille que les Valkyries.

Ces différences ne pouvaient manquer de se reproduire dans les coutumes religieuses, dans les rites et dans le choix des lieux consacrés à la célébration du culte.

Le choix de ces lieux, l'absence ou l'édification de temples destinés aux cérémonies, le caractère particulier de ces temples, pourraient, à défaut d'autres renseignemens, donner à l'observateur judicieux une idée exacte du culte d'une nation qui aurait disparu, ou qui aurait perdu les souvenirs de son histoire, et, par un raisonnement opposé, l'étude de la théogonie et des rites conduirait sûrement à la découverte des principaux élémens de l'architecture religieuse des peuples; on comprend bien qu'il ne saurait être question du style proprement dit. Quelques exemples rendront plus sensible ce que j'avance.

Les dieux de la Grèce, malgré la taille colossale de dix arpens qu'Homère leur a donnée, n'étaient que des hommes doués d'une puissance supérieure, commandant aux élémens, marchant sur les nuages, maîtres enfin de l'univers physique; mais assujétis, comme nous, à toutes les infirmités morales; rivaux les uns des autres, rougissant même la terre du sang de leurs blessures, et soumis aux arrêts du Destin, divinité aveugle, et cependant plus puissante qu'eux tous. A côté de ces absurdités, des fables gracieuses et riantes comme le ciel du pays; beaucoup de descendans de ces dieux prétendus, qui se mêlaient dans la foule, et ne se distinguaient de leurs contemporains que par le souvenir de leur fabuleuse origine. Il ne fallait, on le conçoit bien, pour loger de semblables déités, qu'un habitacle un peu plus orné, un peu plus vaste que les demeures ordinaires, assez ordinairement découvert, afin de laisser à la divinité matérielle, qui était censée y résider, la possibilité d'y descendre du haut de son empyrée, et parce que d'ailleurs la pureté du climat permettait cette absence de couverture sans danger pour la conservation de l'intérieur de l'édifice, sans inconvéniens pour ceux qui s'y rassemblaient.

En Egypte, à côté des extravagances du polythéisme, régnaient des idées plus graves, plus solennelles, la croyance d'un dieu immatériel, supérieur à ceux de la théogonie vulgaire, mais dont la connaissance n'était révélée qu'aux initiés. Isis, Horus, Osiris étaient la personnification des grands principes de la loi naturelle, ou d'une haute métaphysique religieuse, conservés dans le secret des temples et du collége hiératique. Cette religion, tout allégorique, réservée seulement pour le petit nombre, cachait ses préceptes aux yeux du peuple sous l'enveloppe des hiéroglyphes, plaçait ses sanctuaires dans des labyrinthes, et les environnait de hautes murailles pleines et inclinées comme les parois extérieures d'une pyramide, destinées à écarter les regards profanes des mystères qui devaient y demeurer ensevelis, et à braver les efforts du Nil débordé, ou les fureurs des vents du désert.

Il n'est resté aucun document sur l'architecture des Hébreux; mais ce temple unique, si vaste, si magnifique, élevé par Salomon, ne pouvait évidemment être l'ouvrage que d'un peuple adorateur du *Dieu fort et jaloux*.

Quant aux nations du nord, valeureuses, cruelles et mélancoliques, elles allaient consulter leurs divinités féroces, ces divinités qui buvaient l'hydromel dans les crânes de leurs rivaux vaincus, au sein de noires forêts contemporaines de la création, dans les flancs des rochers, et même dans les nuages et dans les mugissemens de la tempête. Ce ne fut guère qu'après l'introduction des mœurs romaines qu'elles songèrent à construire des temples. Des dieux aussi sauvages n'en devaient point avoir. Ils ne pouvaient se plaire que dans des lieux où la nature s'est complu à répandre un appareil de terreur si propre à préparer l'ame aux émotions surnaturelles.

Les Romains, vainqueurs de ces peuples, leur apportèrent leurs arts empruntés des Grecs, mais déjà altérés en passant par des mains plus faites pour manier l'épée de Mars que les instrumens des Muses. L'architecture romaine, à son tour, se dénatura promptement, lorsque le nord, refoulant enfin ses oppresseurs, dépassa lui-même ses limites. Il s'opéra alors un mélange confus d'où sortit cette architecture bâtarde qui passa successivement du style bizantin au style lombard ou carlovingien, et de celui-ci au style saxon ou normand, en perdant toujours, à chaque transmutation, quelque chose de sa grâce et de sa richesse.

Mais, ces dernières traces de la conquête

ne pouvaient se maintenir parmi les peuples belliqueux devenus vainqueurs à leur tour, et animés d'une haine profonde pour tout ce qui rappelait l'humiliation de la domination romaine. Chrétiens fervens, ils ne repoussaient pas moins l'origine païenne. Comme ils avaient apporté leur idiome, ils sentirent qu'ils devaient aussi avoir leur architecture, afin que le divorce fût complet. La langue et l'architecture sont, en effet, les deux signes arborés de toute nationalité.

# II

## APPLICATION DE CES PRINCIPES

### A L'ARCHITECTURE GOTHIQUE.

Les forêts des Gaules ont passé dans les temples de nos pères, et nos bois de chêne ont ainsi maintenu leur origine sacrée. Ces voûtes ciselées en feuillages, ces jambages, qui appuient les murs, et finissent brusquement comme des troncs brisés; la fraîcheur des voûtes, les ténèbres du sanctuaire, les ailes obscures, les passages secrets, les portes abaissées, tout retrace les labyrinthes des bois dans l'église gothique.

CHATEAUBRIAND.

C'est aujourd'hui une grande question en archéologie, que celle si l'architecture dite gothique a pris naissance dans le nord, ou si elle y fut importée comme un trophée conquis sur l'orient par les croisés. Ces deux origines seraient également glorieuses.

Que le douzième et le treizième siècle aient emprunté à l'antique Égypte ses formes pyramidales et ses audacieux obélisques, et aux

Sarrasins la pittoresque ogive, ou que les architectes normands ou saxons aient rapporté de la patrie d'Ossian leurs nouvelles inspirations, et cherché à reproduire dans les temples chrétiens la poésie vertigieuse de la grotte de Fingal, et ses piliers basaltiques élevés par les fées, cette question offre au fond peu d'intérêt. Ce qui mérite d'être remarqué, c'est le caractère qu'ils ont su donner à ces imitations réelles ou prétendues, et qui seul suffirait pour leur assurer le titre de créateurs.

Les contempteurs de l'architecture gothique, tout en l'accusant de plagiat, ont été forcés de reconnaître que, dès les premiers pas, elle a marché dans une route à part. C'est que les arts et les institutions adoptés librement par un peuple, lors même qu'ils ont une souche étrangère, ne tardent pas, à la différence de ceux qui leur sont imposés, à se modifier, à se modeler sous les impressions toutes puissantes du climat et du génie de la nation.

La gravité et la mélancolie formaient le fond de celui des peuples du nord, soit que ces dispositions provinssent d'une organisation particulière, soit qu'elles fussent le produit des impressions d'une atmosphère constamment nébuleuse et d'une nature agreste et sombre, soit qu'il fallût les attribuer à l'éloignement de ces barbares pour les arts et pour les lettres qui fleurissaient parmi les nations méridionales.

Sans méconnaître la puissance de l'action des causes secondes, il semble qu'on ne saurait nier l'existence de la cause organique. En effet, les forêts ont successivement disparu de la plus grande partie du sol, et l'atmosphère s'est épurée; les lettres et les arts ont fleuri à leur tour là où l'ignorance fut long-temps systématique; l'intérêt matériel, non cet instinct naturel qui dirige la brute et le sauvage qui lui ressemble, mais ce sentiment lâche, égoïste et froidement raisonné, qui ne surgit que lorsque toutes les affections généreuses de l'ame sont épuisées, a empoisonné de son souffle corrupteur la génération présente et celle qui s'élève; cependant la littérature allemande et la littérature anglaise sont toujours empreintes de l'esprit rêveur et mélancolique de nos ancêtres; elles trouvent des échos en France même : elles y rivalisent avec cette littérature sardonique et dissolvante, enfantée par le dix-huitième siècle, continuée par le dix-neuvième, dont *Candide*, *Figaro* et *Robert Macaire* forment la chaîne. On peut en conclure que le *romantisme*, malgré ses ridicules excès, et les sarcasmes qui l'ont accueilli, détrônera la vieille littérature empruntée aux Grecs et aux Romains.

L'épithète de *rétrograde*, donnée à ce genre de littérature, est donc parfaitement juste; mais c'est à tort qu'on lui donne un sens de blâme. Revenir à la nature dont nous avaient écartés le despotisme des hommes ou celui des influences, c'est satisfaire à la loi de l'équilibre moral universel. La nature, quoique une dans son ensemble, est variable à l'infini dans ses modifications et dans ses aspects : nous l'avons déjà dit, l'habitant de l'équateur et celui des tropiques ne peuvent l'envisager du même point de vue. Les Romains ne l'ont point comprise comme les Gaulois et les Germains, et, pour ces derniers, la nature des Grecs n'est qu'une nature factice. Retourner à celle que l'ordonnateur de l'univers fit pour eux, pour leur climat, pour leurs organes, ce n'est pas tourner le dos à la perfection pour rentrer dans la barbarie : c'est rentrer dans l'ordre créé par Dieu même, c'est renoncer à la culture d'une plante exotique qui ne produit, à de rares exceptions près, que des fruits bâtards et sans saveur, pour cultiver la plante indigène trop long-temps abandonnée, et qui promet, fécondée par le sol et les saisons qui lui sont propres, les richesses que ceux-ci refuseront toujours à l'enfant d'une autre terre, d'un autre soleil.

Si le vieux levain septentrional fermente encore ainsi, après tant de siècles, après tant de révolutions de tous genres, on peut comprendre avec quelle énergie il agissait sur nos aïeux, combien il se renforçait à chaque invasion nouvelle de ces hommes de fer que les régions polaires vomissaient sans cesse, et combien était d'ailleurs favorable à son développement l'absence de relations sociales, lorsque les malheurs des temps confinaient la noblesse dans ses châteaux crénelés, la bourgeoisie dans ses villes fortifiées, rétrécies, obscures et puantes; les clercs dans leurs couvens perdus au milieu des forêts, aussi loin qu'il était possible des routes toujours couvertes de brigands, ou d'hommes d'armes non moins à craindre. C'est dans ces solitudes que des hommes laborieux consacraient à l'étude ou à la reproduction des anciens livres, à la compilation de ces légendes si précieuses par leur naïveté, de ces chroniques, de ces chartes aujourd'hui si recherchées, les momens qu'ils n'employaient pas à la prière. C'est dans ces paisibles asiles que se formaient ou se retiraient la plupart de ces artistes que nous ne connaissons que par leurs œuvres sur le verre ou sur le vélin; ceux aussi qui ont bâti nos admirables cathédrales, nos magnifiques abbayes, dont le ciseau les a décorées, et dont les noms sont presque tous demeurés ensevelis dans le silence des retraites qu'ils s'étaient choisies.

Le nord revenant ainsi en toute liberté à ses inspirations natives, modifiées par la religion de l'Évangile, le christianisme devait avoir ses forêts comme le druidisme, et il les eut dans ses églises gothiques. Un culte tout plein de mystères, qui a pour terme l'infini, pour dogmes la chute, la rédemption et le jugement dernier ; un culte créateur d'une poésie où la naïveté devient du sublime, où les figures sont des promesses ou des menaces ; d'une poésie dont les images dépassant le colossal et le gigantesque, élèvent la pensée humaine au delà de l'enthousiasme, ou la précipitent comme frappée de vertige, devait, en s'associant à l'esprit septentrional, produire un des plus merveilleux enfantemens du monde intellectuel, portant tous les types de sa double origine. L'architectonique religieuse était strictement la seule poésie écrite de l'époque ; elle fut aussi la voix qui annonça au monde matériel l'alliance mystique qui venait de se conclure.

Quelle immense tâche lui était imposée ! A quelle hauteur il lui fallait s'élever, pour rendre ces impressions déjà si exaltantes, dont les développemens, singulièrement favorisés par la retraite, étaient sans cesse surexcités par les récits des croisés ou des pélerins de retour de la Terre-Sainte ! L'artiste poète comprit alors que, s'il pouvait les reproduire, ce serait, non point à l'imitation des Grecs, par des allégories de convention, que leur grâce seule empêche quelquefois de paraître froides et mesquines, mais par une hiérologie nouvelle, imitative et harmonique, saisissable plus par la pensée que par les sens, plus par l'ame que par l'esprit ; que l'immensité, le mystère, l'union de l'homme à Dieu par la prière, le souvenir des promesses et des menaces, des tribulations et du triomphe, devaient être les élémens du problème, problème qui ne pouvait être posé et résolu que par un génie puissant, illuminé des rayons d'une foi ardente. Ni l'un ni l'autre n'ont failli à l'œuvre : le génie a traduit dignement les inspirations de la foi; sans son secours, il n'eût peut-être été que bizarre. Avec elle, il a été sublime.

C'est qu'il faut de la foi, on le reconnaît aujourd'hui, pour produire une œuvre religieuse, vraiment digne de son objet ; c'est à elle que les siècles passés ont dû leurs belles églises gothiques, comme ces naïves peintures d'Albert Duret, ces inimitables vierges de Raphaël, ce sublime *Jugement dernier* de Michel-Ange, et tous ces admirables tableaux *de sainteté* que l'époque dite de la renaissance nous a légués. C'est l'affaiblissement, c'est la perte de la foi, qui explique l'aspect glacial de nos églises modernes, et les efforts presque toujours vains des artistes de nos jours, pour donner aux sujets tirés de la Bible ou du Martyrologe, que traitent accidentellement la sculpture, la peinture ou la musique, ce cachet, cette espèce de saveur traditionnelle qui n'est saisissable que pour les esprits nourris de la lecture des livres saints.

Pour me tirer des pleurs, il faut que vous pleuriez,

a dit Boileau dans un autre sens. Pour me porter aux émotions religieuses, il faut que vous croyiez, que vous croyiez même fortement, sinon votre poésie, votre peinture, votre architecture me trouveront froid. Mon intelligence pourra admirer votre œuvre, mais mon ame demeurera désintéressée.

Remarquons, en effet, que, dès que la foi a

éprouvé quelque altération, dès qu'elle a cessé d'être complète, aveugle, l'art en a souffert. Non seulement les hérétiques du moyen âge n'ont rien produit, même dans leurs temps de prospérité, qui approchât des œuvres des artistes catholiques, ils se sont complu, au contraire, à les mutiler, à les détruire. Le protestantisme a suivi la même voie. Les réformateurs, divisés entre eux dès l'origine, ne se sont accordés que sur un seul point, la haine des pompes de l'Église romaine. Ils sont demeurés insensibles à la poésie de ses solennités imposantes; ils n'ont compris ni son harmonie avec celle des Écritures, ni son influence puissante sur l'esprit des peuples.

# III

# L'ARCHITECTURE ANTIQUE

## Appliquée à la construction des Eglises.

> Le temple que j'ai dessein de bâtir doit être grand, parce que notre Dieu est grand au dessus de tous les dieux.
>
> PARALIPOMÈNES.

On explique fort ingénieusement, et même très rationnellement, comment l'architecture naturelle ou instinctive a donné naissance à l'architecture antique, comment la hauteur proportionnelle de ses colonnes se trouve calculée sur les proportions de la nature humaine, ce que représente chaque membre et même chaque ornement des différens ordres, et comment la façade d'un édifice indique l'intérieur, de même à peu près que le sommaire d'un ouvrage en annonce le contenu.

Dans ce genre d'architecture, tout est simple comme son origine. Sa beauté consiste dans la rectitude des lignes, dans la pureté des formes et dans l'heureux choix des proportions. Ces élémens suffisent pour produire la grâce, la grandeur, la sévérité, au choix de l'artiste; mais, si parfaite que soit l'harmonie qu'il a su établir entre eux, il n'a produit, en définitive, qu'une belle œuvre d'art, susceptible d'exciter le plaisir, l'enthousiasme; mais ces sensations si vives, si profondes qu'elles soient, s'arrêtent à la fibre artistique qui, chez l'ignorant même, peut posséder un certain degré de sensibilité : il n'y a rien pour le sentiment moral.

Dira-t-on que nous sommes aujourd'hui hors d'état d'apprécier, de comprendre les émotions que l'architecture des temples du paganisme pouvait exciter dans l'ame des sectateurs d'un culte éteint, qui n'est plus pour nous qu'un jeu de l'imagination brillante des poètes, lorsqu'il ne nous apparaît pas simplement comme une aberration de l'esprit humain? L'objection, fût-elle sérieuse, tomberait à faux ; car, plus on démontrerait que le paganisme épuré même par les prêtres d'Eleusis, ou à la manière de Platon, fût aussi favorable que le christianisme pour disposer l'ame aux grandes pensées religieuses, plus il deviendrait évident que les emblèmes, que les types, qui pouvaient si bien favoriser ces pensées sous l'influence du polythéisme, ne sauraient ni convenir, ni suffire à l'expression des idées nées du christianisme. Quels rapprochemens possibles en effet entre Jupiter et Jéhovah, entre Junon et Marie, entre Apollon, Orphée et Linus, les prophètes et les apôtres, entre les demi-dieux et les martyrs, entre la poésie des livres saints et celle d'Homère, d'Ovide et de Virgile? Qui donc imaginerait de chanter les hymnes des Panathénées aux fêtes de la Vierge, d'offrir les sacrifices de Saturne au Sauveur des hommes, ou de célébrer par des jeux funèbres d'Adonis le jour à la fois douloureux et glorieux du vendredi-saint? Ainsi nul point de contact entre les deux cultes. Les mythes, les rites religieux, diffèrent comme la morale, comme les dogmes. Comment donc les temples bâtis pour telle cérémonie et sous l'empire de telles croyances pourraient-ils être en harmonie avec des cérémonies différentes et des croyances ennemies? En est-il d'un temple comme d'une hôtellerie, dont il suffit de changer l'enseigne et de renouveler le mobilier pour recevoir de nouveaux hôtes? Non. D'autres besoins exigeaient donc un autre langage. Douze siècles se sont écoulés avant qu'il eût été découvert. Les persécutions, l'empire des vieilles idées, la nécessité de se servir d'abord de ce qui existait, la longue oppression du nord par le midi rendirent tout ce temps indispensable pour son enfantement. Puis un jour, tout à coup, cette langue artistique nouvelle, si long-temps cherchée, si long-temps attendue, apparut riche, poétique, brillante, complète, tellement que ses premiers mots furent des chefs-d'œuvre, et qu'elle ne se perfectionna qu'en s'altérant, comme il arrive à toutes les langues qui ont atteint leur perfection.

Voyons maintenant comment l'ont parlée ceux qui l'ont inventée. Essayons de déchiffrer ce beau poëme palimpseste, qu'on a appelé une église gothique, à travers toutes les mutilations, toutes les interpollations, toutes les lacunes que les hommes et le temps ont jetées sur le manuscrit.

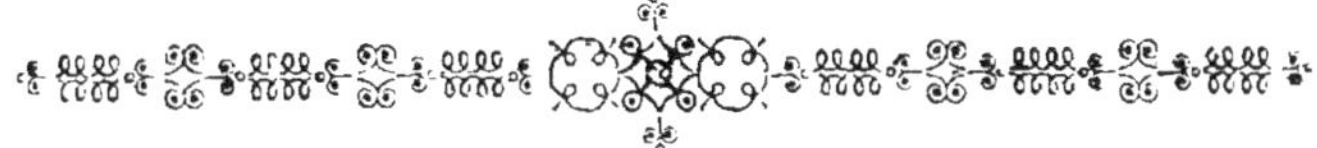

# IV

## POÉTIQUE DES ÉGLISES GOTHIQUES.

Un poëme excellent. où tout marche et se suit.

BOILEAU.

### L'Exorde.

La nécessité du salut, la certitude de la mort, l'incertitude de cette heure si effroyable pour vous, l'impénitence finale, le jugement dernier, le petit nombre des élus, l'enfer, et par-dessus tout l'éternité : l'éternité! voilà les sujets dont je viens vous entretenir.

EX. DU P. BRIDAINE.

Nous voici devant une de nos belles cathédrales du moyen âge : c'est Salisbury, c'est Reims, c'est Amiens, c'est Notre-Dame de Paris, en supposant celle-ci ornée de flèches dont ses deux tours sont demeurées veuves dès leur naissance. Sa façade ne ressemble en rien à la façade antique : elle ne cherche pas à accuser les assemblages de la charpente ; elle ne s'ajuste pas à la hauteur de l'édifice, aux distributions de l'intérieur. Ces combinaisons de l'artisan, que la main de l'artiste grec s'est borné à revêtir d'ornemens, à traduire avec élégance, elle les dédaigne ; car, ce n'est pas à l'esprit qu'elle s'adresse, c'est à l'ame ; ce n'est pas une construction matérielle qu'elle veut nous annoncer, c'est à la Jérusalem céleste qu'elle veut servir de proscénium. Son objet est moins de marquer l'entrée du temple que de former la barrière de séparation entre la vie réelle dont nous allons momentanément nous séparer, et la vie toute spirituelle à laquelle nous allons nous préparer. Opaque, impénétrable à l'œil et à la pensée, comme le voile qui nous dérobe le monde futur, elle se présente sévère et solennelle, imposant l'oubli de tout ce qui la précède, et laissant dans le vague, dans l'inconnu, tout ce qu'elle nous cache.

Décomposons cette vaste et majestueuse préface. Remarquons comment, assombrie à sa base par les noirs renfoncemens de ses trois portails, elle s'allégit progressivement, à mesure qu'elle s'éloigne du sol, à l'aide des galeries, des fenêtres, des niches, des cordons de fleurs, des broderies, des ciselures, qui la couvrent et se multiplient toujours jusqu'au point où sa masse même, se divisant par dentelures, laisse jaillir ces clochers, ces flèches, ces aiguilles de toutes hauteurs, de toutes dimensions, quoique presque toujours fidèles à son angle commun qui les rallie, luttant d'efforts pour atteindre le ciel, et y porter jusqu'aux pieds de l'Éternel les odeurs de l'encens et les invocations des peuples. La gigantesque façade se confond ainsi par le pied avec la terre d'où elle sort et dont elle affecte la pesanteur, avec les nuages par ses sommités légères comme la région dans laquelle elles s'élèvent : allégorie sublime de la prière! symbolique représentation de cette chaîne infrangible qui unit la terre au ciel, la créature au Créateur. Cette allégorie a complètement échappé aux anciens: elle ne pouvait être conçue que par des esprits inspirés du christianisme; peut-être aussi n'était-il possible d'en saisir et surtout d'en écrire la poésie dans les dispositions architectoniques des monumens, que sous l'atmosphère romantique des climats hyperboréens. Ce n'est que sous cette atmosphère humide et vaporeuse, vaguement colorée par les rayons obliques ou presque horizontaux d'un soleil toujours éloigné du zénith, qu'on peut obtenir ces magnifiques effets d'optique produits par des ombres allongées, par l'effacement des plans reculés qui se perdent ou s'atténuent promptement sous la gaze grisâtre, dorée ou azurée qui les enveloppe ; par le brisement, les découpures de la lumière, que les nuages, dans leurs courses précipitées, interceptent ou modifient mille fois en un instant, en projetant leurs formes bizarres et capricieuses au milieu des formes de l'architecture, dont ils semblent chasser, transposer, rappeler tour à tour les ombres, comme si ces formes devenaient elles-mêmes mobiles et agissantes, comme si l'édifice était un être animé, agité de la présence du Dieu qui doit venir le visiter.

L'esprit plein de cet imposant et magnifique

exorde, dirigeons-nous vers le portail, et inclinons-nous, non sans un trouble secret, sous cette multitude qui garnit les voussures, les niches, les entrecolonnes, à nos côtés, devant nous, au dessus de nous. Toutes ces figures sont celles des martyrs et des confesseurs de la foi, des saints pontifes qui en ont été les gardiens, des anges et des autres soldats de la milice céleste qui veillent autour du trône de Dieu. Les voilà ici, les regards tournés sur nous, comme pour nous demander compte des sentimens que nous apportons aux pieds du Saint des saints, à cet autel où plus d'une fois le sacrilége et la profanation ont été punis de mort par la colère divine, comme pour défendre à l'impie l'entrée d'un lieu aussi redoutable.

Ces avertissemens ne suffisent-ils pas? voici sur le tympan, au fond de cette suite d'arcs concentriques et décroissans, qui simulent une perspective fuyante, la représentation du Jugement dernier, terme inévitable, que les saints eux-mêmes n'envisagent qu'avec épouvante, jour fatal où s'opère irrévocablement la séparation des bons d'avec les méchans, où pour les uns s'ouvre la porte de l'éternité bienheureuse, pour les autres celle du séjour des tourmens sans fin, idée terrible que le poète-architecte se plaît à nous rappeler, avec une sorte de brutalité sauvage, par les deux portes qu'il a pratiquées immédiatement au dessous de son effrayante représentation, paraissant nous dire : « C'est toi-même qui va choisir a l'instant. »

Nul doute que cette haute pensée n'ait été celle des architectes gothiques ; car on ne les voit point employer ailleurs le sévère architrave qui figure le joug sous lequel le vainqueur faisait, dans l'antiquité, passer un à un les soldats vaincus ; et, à moins de supposer l'intention mesquine de marquer le côté de l'entrée et celui de la sortie, que probablement nos aïeux n'observaient guère, aucun autre motif ne paraîtrait commander une division qui rétrécit le passage d'une manière gênante pour les cérémonies, inconvénient que le clergé n'eût pas manqué de proscrire, s'il n'y eût attaché une importance mystique, dont il a fini par perdre lui-même la tradition.

L'union de la terre avec le ciel par la prière, le moment fatal marqué pour la récompense ou le châtiment, en un mot la vie et la fin du chrétien, tels sont les emblèmes au moyen desquels l'architecte-poète a voulu nous rappeler aux sentimens qui doivent seuls nous occuper dès que nous aurons franchi le seuil sacré, image de celui bien autrement redoutable qu'on ne peut plus repasser.

## L'Eglise.

Il en a fait les colonnes d'argent, et le reposoir d'or ; les degrés pour y monter sont de pourpre, et il a orné le milieu de ce qu'il y a de plus adorable.

CANT. DES CANT.

Franchissons donc ce seuil, pleins de l'émotion qui nous domine. O merveille ! tout change subitement : au lieu de cet aspect solennel et mélancolique de l'imposante façade, au lieu de cette image menaçante du Jugement, c'est un spectacle de gloire qui nous environne. Qu'elles sont belles, qu'elles sont magnifiques ces voûtes hardies, supportées par des colonnes aériennes, dont on ne peut ni compter le nombre, ni deviner la matière; car elles sont innombrables, car toutes les parois de l'édifice sont revêtues d'or et de peintures; l'œil se promène vainement à travers ces nefs à jour pour en sonder la profondeur : ce temple n'a pas de limites, car l'artiste a su l'envelopper dans un réseau transparent, que les illusions de l'optique reculent à l'infini. A contempler ce caractère d'immensité imprimé à l'œuvre architectonique, on sent que son auteur était pénétré de celle du Dieu à qui elle est élevée ; à voir cette multitude de fûts de toutes hauteurs, de tous diamètres, pittoresquement groupés, dont quelques uns s'élancent audacieusement jusqu'aux faîtes, couleur d'empyrée, les arceaux qu'ils supportent et dont les ramifications, se croisant dans tous les sens, rappellent si bien les branchages de nos forêts, leurs clefs pendantes affectant la forme de la grappe d'Engaddi, ou mieux celle du gland druidique, on reconnaît bien que le génie biblique a fait alliance avec celui de ces hommes du nord, dont les ancêtres adoraient leurs divinités sous les voûtes des cieux, au pied des chênes consacrés. Ces dorures, ces peintures brillantes qui couvrent la pierre, ces verrières magnifiques laissant apercevoir à travers leurs rameaux entrelacés des temples, des saints, des gloires célestes tracés en couleurs lumineuses, qui vont ensuite se réfléchir en rubis, en topazes, en saphirs, en émeraudes sur les murs, sur les pavés, sur les colonnes, chargeant de longues gerbes solaires de toutes les nuances de l'arc-en-ciel, ne donnent-elles pas une image aussi complète que l'imagination humaine la peut concevoir de *cette Jérusalem nouvelle venant de Dieu, parée comme une épouse qui s'est revêtue de ses riches ornemens pour paraître devant son époux; de cette ville d'un or pur, semblable à du verre très clair, dont la muraille de jaspe repose sur sept fondemens ornés de toutes sortes de pierres précieuses?*

Non, l'architecture antique n'était point capable de produire ces merveilleux effets. Elle pouvait bien revêtir les parois de ses temples d'or et de peintures; elle pouvait faire ses colonnes de marbre, d'albâtre et de porphyre; garnir ses ouvertures de vitraux coloriés, couvrir de sculptures admirables ses soffites, ses frises, ses métopes; mais ses proportions connues, ses divisions officielles ne lui permettaient pas de donner à l'édifice ce caractère aérien, cette apparence d'immensurabilité qui forment le cachet particulier de l'église gothique. Jamais les deux ou trois étages, ioniques ou corinthiens, superposés pour supporter une voûte plein cintre, n'atteindront le grandiose de ces admirables voûtes ogivales de Saint-Ouen et de Cologne, reposant sur des fûts qui s'élèvent audacieusement d'un seul jet depuis le pavé de la nef. Jamais l'archivolte avec son arc doubleau ne sera favorable à la perspective autant que l'arc aigu s'amortissant diagonalement par une suite d'arcs semblables. Jamais le pied-droit carrément planté de l'arcade ordinaire, fût-il flanqué sur toutes ses faces de pilastres et de colonnes enrichies de cannelures, n'égalera la grâce de ces piliers capricieusement détaillés en faisceaux et s'alignant par l'angle. Jamais enfin la sévérité des règles de l'architecture antique n'autoriserait la multiplication, l'agrandissement des ouvertures au delà de certaines limites inconnues à l'architecture gothique. C'est par l'allongement des formes, dû à l'emploi de l'ogive, par la suppression de l'architrave, par le rare usage des corniches continuées, que cette dernière a obtenu des illusions de perspective qui ont prêté à ses vastes églises une apparence encore plus vaste. C'est en ouvrant de toutes parts l'édifice à la lumière, tout en opposant à ses rayons les vitraux fortement colorés des verrières; c'est en découpant toutes les formes architectoniques, de manière à arrêter partout quelques parcelles de cette lumière douteuse, sans lui laisser former masse nulle part, qu'elle a donné à son œuvre une légèreté toute aérienne, qu'elle l'a rendue mystérieuse et emblématique, qu'elle a rempli ses intérieurs d'une atmosphère chatoyante et fantastique, aussi propre à exalter l'imagination qu'à déconcerter l'œil le plus exercé.

C'est ainsi que l'architecte chrétien a rempli

le programme qu'il s'était proposé, qu'il a renfermé dans son œuvre le mystère et l'immensité, qu'il a séparé l'esprit des choses de la terre pour le laisser tout entier aux choses du ciel.

## Une Messe.

> Après cela, je vis une porte ouverte dans le ciel... Du trône sortaient des éclairs, des tonnerres et des voix, et il y avait devant le trône sept lampes allumées... Les vingt-quatre vieillards se prosternaient devant celui qui est assis sur ce trône, et ils adoraient celui qui vit dans les siècles des siècles.
>
> APOCALYPSE.

Nous ne donnerions qu'une esquisse incomplète du grand tableau que nous nous sommes proposé de tracer, si nous n'essayions de faire ressortir cette harmonie admirable qui existe entre le temple et les cérémonies auxquelles il est consacré. Efforçons-nous donc de nous le représenter dans sa parure primitive, au moment où les fidèles sont réunis pour assister au sacrifice de tous les jours. Nous ne voulons pas même évoquer une de ces solennités extraordinaires, dans lesquelles l'église catholique multiplie ces cérémonies si imposantes, si dramatiques, dont elle seule a conservé l'usage et le caractère.

L'office divin va commencer à la cathédrale : voici dans la nef principale, dans les tribunes et les lieux réservés, les hauts barons, les preux chevaliers, revêtus d'armures étincelantes ou couverts de riches fourrures; les dames ou les damoiselles, avec leurs robes de brocard, leurs manteaux d'hermine ou de menu-vair, leurs hautes coiffures d'or surchargées de pierreries, et d'où pendent de longs voiles traînant jusqu'à terre; derrière elles sont placés des pages portant leurs blasons. Au second rang figure la riche bourgeoisie, s'efforçant de rivaliser par l'éclat de ses costumes pittoresques. Les nefs latérales, occupées par la plèbe vêtue de ses habits sombres, forment un encadrement dont les bords se perdent dans le jour douteux que laissent échapper les vitraux vigoureusement colorés des chapelles.

Au dessus de la foule s'élèvent des statues de saints ou de guerriers; les unes enluminées de couleurs naturelles et rehaussées de dorures, les autres blanches ou grises comme le marbre ou la pierre dont elles sont faites. A leurs formes indécises, devenues presque aériennes par l'effet du clair-obscur, à leurs attitudes triomphantes, priantes ou menaçantes, on les prendrait pour des géans ou pour des fantômes, tandis que les figures lumineuses des verrières donnent l'idée d'un monde céleste venant se réunir à l'homme pour assister à l'auguste mystère.

Le chœur commence : il est séparé du peuple par une haute barrière, traduction du voile du temple des Hébreux. Seulement la pierre a remplacé la pourpre, mais l'art a tellement enrichi la matière, que ce voile est infiniment plus précieux que l'autre, dont il rappelle l'idée. L'art a mis tant de soins à découper, à broder cette matière rebelle, qu'elle n'est plus en quelque sorte qu'un nuage presque transparent, interposé entre l'œil et le sanctuaire que l'ancienne loi lui rendait impénétrable, et qui ne doit s'ouvrir pour lui qu'à l'accomplissement de la loi nouvelle. Ainsi, tout est image dans l'architecture gothique, jusqu'à ces jubés magnifiques, que l'ignorance de nos siècles éclairés s'est empressée de faire disparaître presque partout.

De l'enceinte défendue part une vive lueur, d'autant plus éclatante que le reste de l'église est plus assombri. Les chants qui s'élèvent de cette enceinte, arrêtés dans leur course par la barrière, et n'arrivant à l'oreille que répercutés par la voûte, paraissent des concerts descendant du ciel. La grande et prestigieuse voix de l'orgue, et les chants des fidèles leur répondent. Un clerc aux longs cheveux, à la blanche tunique, à la dalmatique pittoresque, costume que l'imagination naïve de ces temps prêtait aux archanges, apparaît au haut de la tribune qui couronne le jubé. Il tient en ses mains un livre d'or. Deux enfans l'accompagnent avec leurs cierges allumés. Il se place; et debout à l'une des extrémités de la tribune, d'une voix solennelle, il annonce au peuple les paroles de vérité. Il proclame la BONNE NOUVELLE; il affirme, par le témoignage des apôtres, comment elle s'est répandue sur la terre. Deux fois cette magnifique apparition frappe les yeux des fidèles. La grave mélopée de la préface avertit que l'auguste, l'ineffable mystère caché à toutes les intelligences, va s'accomplir; que le sacrifice sans fin va se consommer de nouveau à la parole du prêtre; c'est à ce moment, lorsque l'ame se sent pénétrée de ce sentiment de terreur et d'amour qu'inspire l'approche du créateur maître de l'univers, du Dieu fort et jaloux qui voit le fond de nos cœurs et n'y souffre aucun partage; de ce Dieu de miséricorde, qui consentit à livrer son fils pour nous; c'est au moment où éclate ce chant sublime de mélancolie et de joie qui salue la victime dévouée, lorsque l'hostie s'élève triomphante au dessus de toutes les têtes prosternées dans la poussière; c'est alors que le sanctuaire s'entr'ouvre et laisse apercevoir, au milieu du nuage d'opale formé par l'encens, l'autel éclairé par ses mille lumières, couvert de fleurs, entouré de ses prêtres vêtus d'or et de pierreries. Cet éclat subit des lumières et des voix, cette magnificence, la présence de l'Agneau lui-même qui vient de descendre sur l'autel, ne forment plus un spectacle de ce monde : c'est le ciel ouvert, c'est la vision de l'apocalypse réalisée.

Robert de Luzarches, Enguerrand, Eudes de Montreuil, Maurice de Sully, Jean de Chelles, Erwin, Jean Hultz, vous n'étiez pourtant que des barbares!

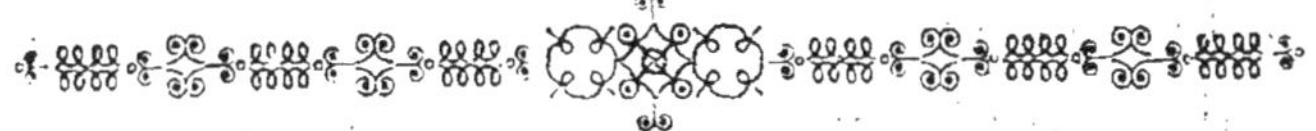

# V

# LES DÉVASTATIONS.

> ... Sion, qu'as-tu fait de ta gloire?
> Tout l'univers admirait ta splendeur;
> Tu n'es plus que poussière, et de cette grandeur
> Il ne nous reste plus que la triste mémoire.
>
> J. RACINE.

A quoi bon désormais rappeler ces pompes évanouies, cette splendeur déchue? Pourquoi s'efforcer de faire comprendre à une génération qui n'a plus d'oreilles que pour l'argot du commerce ou les arcanes de la politique, cet ancien et harmonieux langage de nos belles basiliques que les mutilations ont rendues muettes. Ces magnifiques églises, aujourd'hui, sont veuves de leurs saints et de leurs tombeaux; les peintures et les dorures dont elles étaient couvertes ont été remplacées par un ignoble badigeon, qui a détruit toute la magie d'une architecture aérienne; les pierres tumulaires dont leur sol était formé, et que les pieds ne foulaient qu'avec une religieuse hésitation, ces images, ces inscriptions funèbres qui redisaient avec une parole si imposante les générations passées, ont fait place à un pavé semblable à celui des rues, tout au plus à un grossier dallage, lorsque la paroisse n'a pas eu assez d'argent, ou l'architecte assez de génie pour les carreler comme des antichambres. La cupidité a dépouillé les sanctuaires de ces trésors formés par la piété. Au lieu de ces vierges d'argent, de ces vases d'or enrichis de pierreries, de ces somptueux ornemens dont les avaient dotés la reconnaissance des pieux pélerins, ou les angoisses d'anciens suzerains qui craignaient de rendre à Dieu un compte dont la balance n'était pas en leur faveur, elles possèdent pour la plupart des vases sacrés d'étain, des vierges de plâtre, des ornemens faux. Les os des saints ont été dispersés par ceux qui volaient les riches reliquaires; la voix majestueuse de l'orgue s'est tue, et les chants religieux sont accompagnés maintenant par le sifflement des vents qui pénètre avec l'eau de la pluie à travers un toit dégradé, des vitraux brisés, ou par les lézardes des murailles. Quelquefois pourtant on raccommode un vieil instrument, on restaure une verrière avec du verre blanc qu'on dépolit même quand on peut se permettre un peu de luxe, sans dépasser les limites d'un budget toujours trop restreint, car ce siècle si éminemment positif consent volontiers à ruiner une commune pour bâtir une halle, pour redresser un sentier; à obérer l'état pour commencer un canal ou un chemin de fer qui ne sera jamais achevé, pour former une école où les enfans de l'indigent apprendront à lire ces déclamations que la presse anarchique publie contre les riches, ces provocations de tous les jours, au déplacement de la propriété; mais il n'a pour les arts, il n'a pour ce qui touche aux affections les plus intimes de l'ame, que l'aumône du pauvre, que le denier de la veuve.

Ce siècle égoïste, menteur et orgueilleux, se vante sans cesse de ses progrès, surtout de ses prospérités; il affecte de regarder avec une pitié insultante les siècles qui l'ont précédé. Eh! bien, ces époques d'ignorance et de barbarie, comme nous disons, ces générations déshéritées auxquelles sont demeurés inconnus ces moyens, ces procédés si ingénieux, si économiques que l'industrie moderne enfante chaque jour, ces temps de désolation marqués par les guerres intestines, par les invasions des Sarrasins, des Anglais et des Normands, par les dissentions religieuses et par les croisades, ont vu s'élever de splendides et gigantesques édifices religieux, qu'avec toute notre stérile opulence nous ne pouvons pas même entretenir convenablement. Dans ce moment, on supprime, faute d'argent pour la rétablir, l'une des ailes de la jolie église de Poissy, si remarquable comme monument de l'art et comme monument historique. Cependant cette église est aux portes de la capitale, ce centre des arts, du goût et de l'opulence, et pas une voix ne s'élève contre cette mutilation, et pas une bourse ne s'ouvre pour la prévenir. Combien d'autres restaurations de ce genre se font dans les départemens! A Paris même, n'avons-nous pas vu, depuis quelques années seulement, abattre, aussi par économie, deux des tours si pittoresques de l'abbaye Saint-Germain-des-Prés? Saint-Germain-l'Auxerrois (ce nom a une fatalité!), Saint-Germain-l'Auxerrois, dévasté par une émeute, n'est-il pas abandonné à la faux du temps, en attendant que la cognée du démolisseur, dirigée par le faiseur d'alignement, vienne détruire son charmant porche et ses belles portes latérales avec le reste de l'édifice? Le portail de Saint-Benoît, joli bijou ciselé par la renaissance vient de disparaître, et le génie militaire parle d'abattre *au moins les combles et les voûtes* de la Sainte-Chapelle de Vincennes, cette ravissante production du quatorzième siècle. Il est vrai que Notre-Dame et Saint-Etienne-du-Mont viennent d'être englués d'un nouveau badigeon.

Ah! respectons nos vieux monumens, c'est notre histoire même! Non seulement ils en fixent les points, mais ils servent à expliquer ses obscurités; ils nous rappellent les croyances et les superstitions, les vertus et les usages de nos pères; ils donnent un corps aux récits des chroniqueurs. Respectons-les donc lors même qu'ils n'auraient plus aucune utilité, lors même qu'ils contrariraient un alignement. On conserve avec une vénération presque religieuse une masse de pierre informe, parce qu'elle a fait partie d'une construction romaine; on s'incline devant ces témoignages de servitude, on s'enorgueillit même de les posséder; et l'on néglige, on dédaigne, on proscrit ces édifices, produits plus tard par le génie des enfans du nord redevenus libres. Ce sont autant de traces de notre affranchissement, comprenons-le bien, que nous anéantissons. Singulière anomalie de la part d'un peuple qui se prétend si passionné pour la liberté. Ce n'est donc pas seulement le sentiment religieux, seulement le sentiment des arts, c'est aussi l'orgueil national qui doit nous faire vénérer ces monumens produits par nos ancêtres.

Et remarquons à notre honte que de toutes les nations du nord, la France est la seule où l'on ait professé si long-temps ce mépris des monumens du moyen âge. La plupart de ceux que l'Allemagne a bâtis sont encore dans un état de conservation parfait. Ceux de l'Angleterre ont souffert davantage du zèle de ses farouches puritains; mais depuis long-temps elle s'applique à les restaurer, ou elle en soigne les ruines avec amour. Vandales que nous sommes! et plus que Vandales, car ceux-ci mettaient tout simplement leur orgueil à détruire : ils ne se vantaient pas d'être les amis et les protecteurs privilégiés des arts : ils n'avaient ni écoles des beaux-arts, ni académies, ni sociétés archéologiques.

# DEUXIÈME PARTIE.

## De la Restauration

# Des Eglises Gothiques.

## I

### CONTRE LES MUTILATIONS.

Oisifs de nos cités, dont la mollesse extrême
Ne veut que ces plaisirs où l'on se fuit soi-même,
Qui craignez de sentir s'éveiller vos langueurs,
Ces tableaux éloquens sont muets pour vos cœurs;
Mais toi qui des beaux-arts sens les flammes divines,
Ton ame entend la voix des cercueils, des ruines.

LEGOUVÉ.

UN temps viendra, on n'en saurait douter, où la raison triomphera enfin des préjugés; où l'architecture gothique, mieux jugée, obtiendra la justice que le caprice ou l'ignorance lui refusent; mais cette justice tardive, arrachée peut-être par la chute de la dernière ruine, ne produira d'autres fruits que des regrets.

Aujourd'hui encore, malgré la destruction d'un si grand nombre de monumens, elle pourrait opérer un grand bien, en préservant ceux qui sont demeurés sur pied, de nouvelles mutilations; il va sans dire même, que plus le nombre des édifices, momentanément sauvés du naufrage, est restreint, plus le bienfait sera précieux; que la justice se hâte donc : demain déjà il sera tard; après demain il ne sera plus temps. Les intempéries sont un multiplicande qui s'accroît dans une immense proportion, de toute la puissance de ce multiplicateur brutal qu'on appelle tour à tour faiseur d'alignement, démolisseur ou embelliseur.

Mais les plaintes des hommes religieux et des amis des arts et de l'histoire, mais la bonne volonté même des architectes ne sont qu'un véhicule et non pas un moyen. Cette bonne volonté a besoin d'être éclairée par de bonnes études; et c'est précisément ce qui manque à nos architectes, en tout ce qui tient à l'art de l'époque du moyen âge. Nous ne demandons pas, sans doute, que pour comprendre le style et le grand caractère de nos monumens religieux, ils se livrent aux études et aux contemplations religieuses, comme le faisaient naturellement ceux qui les ont érigés; nous demandons moins encore que l'on construise des églises gothiques. Un sentiment de pitié et de réprobation s'éleverait infailliblement contre celui qui serait assez peu de son siècle pour avancer une telle proposition; et avec une sorte de raison, car s'il faut désespérer, sous l'empire des idées dominantes, de faire sentir la force du principe, il est évident qu'on ne saurait davantage en faire saisir les conséquences, et encore moins trouver des esprits susceptibles d'en faire l'application. Bâtissons donc nos églises modernes sur le même modèle que nos théâtres, que nos bourses, que nos tribunaux; disons qu'il faut que tous les monumens de l'époque attestent l'état et les progrès de l'art, et qu'ils transmettent aux siècles à venir le patron à la mode du jour. Il n'y a rien à objecter à cela; nous ne voulons parler ici que de la conservation des vieux monumens.

Conserver un édifice, ce n'est pas seulement en prévenir ou en arrêter la chute; la conservation doit avoir aussi pour objet de le transmettre, aux âges suivans, dans toute son intégrité. Si l'on est obligé de modifier quelques unes de ses dispositions pour des besoins nouveaux, ou de rétablir des parties détruites, ces changemens ou ces restitutions doivent être combinés et étudiés de telle manière qu'ils paraissent sortir du même cerveau et de la même main qui ont créé l'édifice : c'est surtout dans une œuvre d'art que l'unité est indispensable.

Nous avons vu des arrangeurs tronquer Corneille, mutiler Molière, rimer l'admirable prose du Télémaque; nous les avons sifflé, comme nous sifflerions celui qui voudrait introduire des couplets de vaudeville dans les tragédies de Racine, ou intercaller du français moderne dans un livre de Froissard, de Montaigne ou d'Amyot. Pourquoi donc une œuvre d'architecture serait-elle moins respectable ? Si l'harmonie doit se trouver quelque part, n'est-ce pas surtout dans une œuvre religieuse, dans un temple où l'œil ne saurait être distrait, sans que l'esprit participe à ses distractions ? L'harmonie est aussi favorable au recueillement que son absence lui est contraire. Il ne faut ni oublier ni laisser oublier qu'une église est un lieu de prière, de méditation, de sanctification; un lieu plein de la présence de Dieu, destination qui exclut l'idée de toute frivolité, de tout caprice de la mode : tout doit y être grave et solennel, et rien ne l'est moins que les bigarrures. Voyez, par exemple, quel effet ridicule produit la comparaison du portail de Saint-Gervais avec l'intérieur de l'église, de la nef de Notre-Dame avec son sanctuaire. L'étranger qui arrive devant l'œuvre de Desbrosses s'imagine voir une église moderne : il entre et se trouve tout dépaysé en apercevant la gothique ogive et les verrières peintes; il va à la cathédrale, et il voit, par un renversement de toutes les idées, l'architecture de Robert de Cotte supportant l'architecture de

Maurice de Sully, comme si le temple se fût retourné sens dessus dessous par l'effet de quelque grande catastrophe.

Rien ne rend mieux le ridicule de ces stupides arrangeurs, que le passage suivant d'un ouvrage déjà ancien sur les monumens de Paris ; on verra comment ils procédaient, à quelles peines, à quelles fatigues ils se condamnaient pour désobéir à la voix de la raison, qui leur criait de respecter les anciens monumens, et quels étaient les éloges qu'ils recevaient des gens de lettres, encore plus ignorans qu'eux des préceptes de l'art.

« On projeta, dit l'auteur, de décorer le « chœur (il s'agit de Saint-Germain-l'Auxerrois) « d'une manière qui répondît à la dignité et à « l'antiquité de cette église. Plusieurs archi- « tectes très habiles donnèrent alors des des- « sins, qui méritaient chacun, à différens « égards, l'approbation des connaisseurs; on « s'arrêta au plan proposé par le sieur Bacarit.

« *Cet habile architecte réussit à marier, de la* « *manière la plus heureuse, le genre moderne* « *avec le gothique de l'église qu'il avait à décorer;*

« *il y est parvenu en cannelant les colonnes, en*
« *rehaussant les chapiteaux de deux pieds. Dans*
« *les masses qui sont au dessus des arcades, il a*
« *retaillé des tables au sommet avec un caisson*
« *dans le milieu...* Le pourtour du chœur est
« formé par une grille *dans le goût antique, et*
« *parfaitement analogue avec le gothique.* On a
« pris en même temps des mesures pour *pro-*
« *curer du jour à toute l'église en supprimant*
« *les rosettes gothiques et une grande partie des*
« *meneaux des croisées, on a mis à leur place des*
« *vitraux neufs,* au moyen desquels tout l'in-
« térieur est parfaitement éclairé. »

Il ne serait pas bien difficile de démontrer, par des faits encore fort récens, que l'esprit du sieur Bacarit et la logique du siècle de Louis XV, ne sont pas aussi loin de nous qu'on pourrait le supposer; et l'on trouverait facilement encore un sieur de Cotte, un sieur Louis [1] pour déshonorer le sanctuaire de quelque cathédrale, un Soufflot [2] pour percer un tympan

[1] Notre-Dame de Paris et Notre-Dame de Chartres.

[2] Notre-Dame de Paris.

tout à travers les sculptures qui le couvrent.

Il faut donc, répétons-le à temps et à contre-temps, gravons-le sur les murailles de cette nouvelle école des beaux-arts, qui s'élève à grands frais, et qui produira sans doute des fruits dignes de ce qu'elle aura coûté, il faut que les architectes étudient les monumens du moyen âge, qu'ils sont ou qu'ils peuvent être appelés à réparer, à restaurer; il faut que, malgré sa profonde répugnance, l'école comprenne cette étude, d'une manière sérieuse dans son enseignement. Espérons que les courtes réflexions que nous avons faites plus haut sur la nécessité d'apprendre les rudimens d'une langue avant de la parler ou de l'écrire ne demeureront pas entièrement stériles.

Ce n'est pas dire qu'on doive formuler l'architecture du moyen âge en sixième et en septième ordre. Les règles de cette architecture sont encore à trouver, peut-être parce que trop préoccupé de celles de l'architecture antique, on est allé chercher les autres là où elles ne se trouvent pas. Ce n'était point une raison suffisante d'en conclure que les architectes du moyen âge ont marché en aveugles, guidés par le pur caprice.

Jusqu'à ce que les règles qui les ont dirigés aient été découvertes, consultons, mesurons, comparons les monumens suivant leurs diverses époques connues; étudions les rapports géométriques et harmoniques de leurs diverses parties ; classons les formes par séries chronologiques, ce qui est facile, car les différences sont bien tranchées ; ces études préparatoires suffiront en attendant mieux, et mettront, sans aucun doute, sur la voie de nouvelles découvertes,

Que l'administration elle-même favorise, provoque ces recherches, en repoussant tout projet de restauration qui ne s'appuiera pas sur des autorités certaines. Qu'elle fasse ou qu'elle encourage les collections publiques de dessins, et surtout celles de fragmens susceptibles de servir de types : ces fragmens gisent par milliers sur le sol où ils se décomposent en attendant qu'on les débite en moellons : des collections publiques se feraient à bon marché; qu'elle prévienne par tous les moyens qui sont en son pouvoir les dilapidations qu'exercent partout les amateurs et les brocanteurs, secondés par l'ignorance ou la cupidité des possesseurs. On ne saurait se figurer combien nos églises de campagne principalement, ont souffert de la rapacité de cette sorte d'explorateurs et de l'impéritie des administrateurs locaux, lorsqu'il n'y a pas connivence coupable de leur part. Des vitraux, des statues, des figurines, des boiseries, des chandeliers, des vases, des missels, des reliquaires ont ainsi disparu et disparaissent tous les jours pour causer des vides irréparables ou pour être remplacés par des objets modernes. Des pierres tumulaires ont été arrachées; des tombeaux ont été mutilés pour en avoir des fragmens; on a brisé des cercueils pour voir s'ils ne renfermaient pas quelques anciens joyaux en cuivre ou en pierres fausses. Toutes ces spoliations profanatoires ou sacriléges, qui sembleraient du moins témoigner d'une ardente passion pour l'art, et devoir répandre le goût et la connaissance de ces richesses, n'ont guère eu jusqu'ici d'autres résultats que d'en priver les édifices qui les possédaient, de troubler la cendre des morts pour enfouir leurs dépouilles dans les cabinets de quelques curieux, qui, eux-mêmes, cessent bientôt de s'en occuper, ou dans les boutiques des brocanteurs où elles finissent par périr. D'ailleurs, comme l'ignorance préside le plus souvent à ces dévastations, souvent elle s'adresse à des objets d'un médiocre mérite, qui n'ont de véritable intérêt qu'à la place pour laquelle ils ont été faits, en sorte qu'on dégrade l'édifice en pure perte, parce qu'il ne se trouve plus personne pour mettre à ces objets un prix capable de couvrir la dépense que leur enlèvement a occasionnée.

Quels que soient les regrets qu'inspirent les dévastations que nous nous faisons un devoir de signaler, il ne faut pas croire que nous ayons le désir ou que nous concevions la pensée d'engager l'administration à rendre à nos églises du moyen âge leur intégrité primitive, à les revêtir de leur ancienne splendeur. Non, ce qui a été une fois englouti dans les abîmes du passé est perdu sans retour. Nous demandons seulement qu'on maintienne ce qui s'est conservé, qu'on le répare de manière à lui ôter son aspect de décrépitude sans lui faire perdre son air de vieillesse qui le rend si vénérable; que l'on recomplète un clocheton tronqué, une balustrade ruinée, un vitrail endommagé; que l'on restaure, s'il est possible, des sculptures mutilées; que l'on fasse disparaître peu à peu ces ornemens, ces décorations parasites ou inharmoniques que les deux derniers siècles surtout, et les trente-six années écoulées du siècle actuel, y ont accumulées; que l'on reconstruise ce qui ne peut se consolider. Un système général ainsi entendu serait déjà un grand bienfait pour la religion, pour l'art et pour la science. Que dans quelques églises privilégiées, comme Notre-Dame de Paris, Notre-Dame de Reims, Sainte-Cécile d'Alby, Rouen, Chartres, Saint-Denis et quelques autres, on se livre à des restaurations plus somptueuses : il n'y aura que convenance et avantage, si elles sont faites avec intelligence; mais gardons-nous d'un excès contraire à celui dont nous nous plaignons et dans lequel sont tombés quelques architectes à leur tour trop avancés; n'ayons pas la prétention, à moins que quelque grande nécessité ne le commande, de terminer une œuvre que le siècle qui l'a enfantée a laissée imparfaite; n'élevons point des tours ou des portails là où il n'en a jamais existé; défendons-nous de la tentation d'ajouter une page à un poëme que nous pouvons tout au plus épeler; ne faisons point un mensonge à la postérité en lui transmettant une création du dix-neuvième siècle comme l'œuvre d'une autre époque.

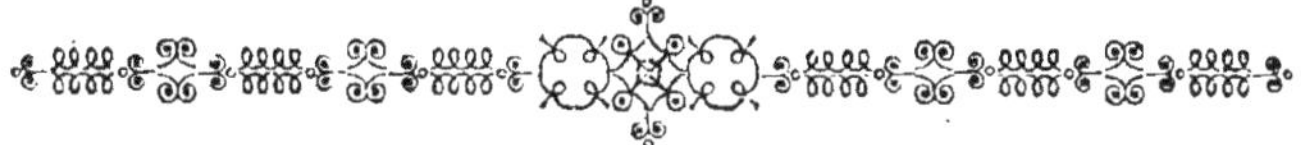

# II

# LES FLÈCHES.

..... S'élançant de la flèche gothique,
Un son religieux se répand dans les airs,
Le voyageur s'arrête.....

LAMARTINE.

Quand je revois les lieux témoins de ma jeunesse! quand je songe à ce qu'ils furent, et à ce qu'ils sont!.....

W. SCOTT.

Un des membres les plus importans de l'architecture gothique, un de ses attributs les plus caractéristiques, c'est le triangle, symbole de la perfectibilité divine, ou de la Trinité chrétienne, que l'on retrouve constamment partout, avec les élémens sphériques dans l'ogive, sous la forme rectiligne dans les pignons et les flèches, sous celle du trifolium dans les ornemens, tant cette architecture affectait le caractère symbolique. Le nombre trois est, au reste, un de ses élémens principaux, soit qu'elle l'emploie comme rudiment de forme, soit qu'elle s'en serve comme diviseur ou comme multiple.

Ses flèches, qui en sont la plus brillante expression, sont en même temps la solution de l'un des problèmes les plus hardis des constructeurs de cette époque. Il fallait certes qu'ils fussent doués d'une merveilleuse audace, les premiers qui osèrent se risquer à élever dans les airs, à trois ou quatre cents pieds, ces fragiles aiguilles, destinées cependant à braver les intempéries du nord, les violens ouragans si fréquens dans ces contrées; et qui ont si bien rempli leur destination.

Une anecdote apocryphe rapporte que le Bramante construisant le dôme de Saint-Pierre, dit aux Romains : « Ce Panthéon que vous admirez, moi, je le placerai dans les cieux. » Longtemps avant lui, les architectes gothiques y avaient élevé les obélisques des Pharaons.

Nous avons parlé du caractère religieux de ces constructions aériennes; elles se recommandent, par un autre côté, au philosophe et à l'homme d'état.

Il n'y a pas long-temps encore que l'impéritie des architectes, favorisée par un système de mesquine économie, considérait les flèches de nos églises comme des superfétations dangereuses, ne servant qu'à accélérer la ruine des édifices, soit par les mouvemens qu'ils leur communiquent, soit par la chute de la foudre, à laquelle leur forme aiguë, ou les métaux qui entrent dans leur construction servent d'excitateurs et de conducteurs. C'était alors un parti pris de les raser, dès qu'une dégradation un peu importante s'y manifestait. Beaucoup ont disparu ainsi aux yeux des populations profondément blessées. Nous n'hésiterons pas à dire, parce que c'est un fait qui nous est démontré, que ces suppressions impolitiques sont au nombre des griefs reprochés avec le plus d'amertume à l'administration ; dans plus d'une occasion l'autorité en a acquis la preuve, et s'est vue forcée de revenir contre ses décisions. C'est que *l'attachement au clocher de la paroisse* n'est pas un vain mot. Le clocher domine toute la contrée, non seulement par sa forme, mais aussi par sa voix. C'est le lien commun de tous les membres épars de cette famille qu'on appelle paroisse. Il crie aux moissonneurs courbés au milieu des champs, au bûcheron exilé dans la forêt, au chasseur qui poursuit le chamois sur la montagne, au pêcheur abandonné au caprice des flots : « Recueillez-vous, car vos frères vont prier; priez pour eux, car ils prient pour vous. Accourez, ils sont en danger! » Qui ne s'est livré avec charme, avec bonheur à ces vagues et indicibles rêveries dans lesquelles nous jettent les tintemens de la cloche dont le son nous est familier, lorsque la brise nous les apporte, affaiblis par la distance, dans le calme de la solitude, glissant sur la surface d'un lac paisible, ou se mêlant au murmure des bois? L'ame qui s'est livrée une fois à ces indéfinissables sensations en retrouve mille fois le souvenir dans les situations les plus diverses de la vie, et lorsque ce souvenir autour duquel viennent se grouper tous les autres souvenirs contemporains devient trop vif et trop répété, l'esprit s'abat, le corps souffre. On est pris du *mal du pays*.

L'homme le plus grossier en est atteint aussi bien que l'homme le plus éclairé; il a éprouvé tout ce que l'autre a éprouvé, bien qu'il ne s'en soit point rendu compte. Mais ses sensations, pour n'avoir jamais été analysées par lui, n'en étaient pas moins profondes; et son imagination agreste se reporte, par l'effet d'une vertu attractive qui agit sur elle à son insu, aux lieux qui les avaient fait naître, comme le bœuf dételé retourne de lui-même à son étable, si éloignée qu'elle soit, sans que les pâturages qu'il rencontre puissent le distraire de son chemin : c'est que le souvenir du clocher est celui de toutes les circonstances les plus remarquables de notre vie entière.

Le clocher a retenti d'abord à notre naissance, ensuite à cette autre cérémonie si sainte, si touchante, qui laisse pour toujours dans notre ame des traces d'une joie si innocente et si pure. C'est aussi du clocher que se fait entendre l'heure de la récréation pour l'écolier, l'heure du rendez-vous pour l'adolescent, l'heure du repos après le travail de la journée. C'est vers le clocher que le jeune homme a conduit en triomphe sa jeune épouse, et, un peu plus tard, les fruits d'une heureuse union; enfin, c'est au pied de ce même clocher que dorment nos pères, là où la police municipale n'est pas venu dire à leurs os : « Levez-vous, et allez achever de pourrir pêle-mêle dans un trou commun, hors de la vue des vivans à qui les épitaphes qui vous couvrent rappelaient quelquefois d'utiles conseils, et souvent de précieuses émotions. »

Le clocher fut l'ami des générations écoulées; il est celui de la génération présente, il sera encore celui des générations qui se succèderont; c'est l'orgueil de la paroisse, et, en beaucoup de lieux, les anciens du village racontent les combats que leurs prédécesseurs eurent à soutenir contre les paroisses environnantes, pour défendre son honneur et sa gloire.

Oh! combien l'enfant du village aime à le revoir après une longue absence, surtout après un pénible exil; quand ses yeux cherchent en vain le pays dont son cœur a conservé une image fidèle; quand « il trouve là des tombeaux où étaient des palais, là des palais où étaient des tombeaux, le champ paternel livré aux ronces ou à une charrue étrangère, l'arbre sous lequel il fut nourri abattu [1]! » La génération qu'il a connue a fait place à une autre de laquelle ne sortira pas une voix pour dire à celui qui revient : « Ami, j'étais là avec vous ». Son ame se serre, se brise d'abord à l'aspect d'un douloureux isolement; mais le vieux clocher subsiste toujours comme un jalon laissé sur les limites de l'infranchissable océan du passé. Soudain ce passé semble sortir des abîmes qui l'ont englouti, et, comme ce pauvre sauvage dont parle Delille en vers touchans, tout ce que le triste pélerin cherchait si vainement, tout ce qu'il pleurait,

> Il croit le voir encore, et son ame attendrie,
> Du moins pour un instant, retrouve sa patrie.

Oui, quelque vulgaire, quelque futile que puisse paraître une semblable cause à nos hommes avancés dans le progrès matériel, l'in-

[1] Châteaubriand.

fluence du clocher est un des anneaux de cette chaîne qui nous attache au pays; anneau beaucoup plus solide, beaucoup plus durable que celui des institutions politiques, si changeantes par leur nature, et si peu susceptibles, après tout, d'être comprises et appréciées par les classes peu éclairées.

Tout se trouve, dit l'auteur de René, dans les rêveries enchantées où nous plonge le bruit de la cloche natale: religion, famille, patrie, et le berceau et la tombe, et le passé et l'avenir. L'attachement au sol est le seul contrepoids qu'il soit possible d'opposer aujourd'hui à ce mouvement excentrique imprimé par la fièvre dévorante de l'industrie, excité encore par les innombrables voies de communication qui s'ouvrent dans tous les sens, tranchant les masses des populations comme les montagnes, comme les forêts, mouvement qui tend à rendre les hommes cosmopolites et nomades, à briser tout-à-fait l'esprit de famille et la moralité qui en est à la fois le principe et le résultat. Que les gouvernemens ne négligent donc rien de ce qui peut conserver un reste de vie, un peu de ressort à cet attachement au sol ; qu'ils comprennent bien aussi que cette espèce de vertu magnétique du clocher, ne peut ni se transporter ni se répartir, et que jamais il ne sera remplacé dans son action morale, ni par le prétoire de la justice de paix, ni par le drapeau de la mairie, ni même par la halle ou l'abattoir, par le chemin de fer, le canal, l'usine ou la nouvelle route, quels que soient les progrès des idées positives et de l'intérêt matériel.

Assurément on ne saurait prétendre sans absurdité que la flèche d'une église peut seule exciter ce sentiment. L'Arabe du désert, le sauvage du nouveau monde, le Lapon où le Samoyède démentiraient bientôt une telle hypothèse. Mais chez ces peuples le sentiment dont nous parlons, trouve sa force dans une nature locale et dans des mœurs à part, circonstances qui deviennent de plus en plus rares en Europe, et principalement en France où toutes les couleurs un peu tranchées tendent depuis deux siècles, et maintenant plus que jamais, à se fondre dans cette teinte monotone et insignifiante que répand sur tout la main prosaïque de l'industrie, où toutes les aspérites s'effacent par l'effet de ce grand frottement qu'opèrent la guerre et le commerce. Aussi plus ces caractères que la nature avait pris soin d'accumuler pour accentuer la physionomie d'un pays sont près de disparaître, plus l'homme d'état doit-il s'efforcer de conserver ceux que l'art, d'accord avec les institutions, y avait ajoutés, et qui peuvent encore suffire.

La suppression de ces hautes flèches qui semblent élever la tête au dessus des bois et des montagnes, pour diriger l'étranger dans sa route, pour le convier à l'hospitalité, ou pour lui annoncer le terme de ses fatigues, a quelque chose de triste, d'amer et de sauvage. La froide régularité de nos routes symétriques, la monotonie des demeures qui les bordent, la destruction successive de nos belles forêts frappent le voyageur d'un ennui mortel. C'est une sorte de bonheur pour lui, dans ses longues heures d'isolement, que d'apercevoir de temps en temps au loin le coq d'un clocher, et de demander au postillon le nom du village dont il cherche ensuite, dans le désœuvrement de son esprit, à se rappeler l'histoire, s'il possède un peu d'instruction, ou à se figurer le site et la physionomie, si la nature l'a doué de quelque imagination.

Contemplez Paris du haut de Montmartre, et demandez-vous si la ville a beaucoup gagné en grâce et en aspect pittoresque depuis que le clocher gothique de la cathédrale, celui de Saint-André-des-Arcs, et les deux tours romaines de l'Abbaye-Saint-Germain ont disparu ; si l'élévation de dix masses rases et compactes comme l'église de la Madeleine ou le palais de la Bourse, compenserait la suppression des tours de Notre-Dame et de Saint-Jacques-la-Boucherie? Tournez-vous ensuite du côté de cette vaste et insignifiante plaine de Saint-Denis, jugez de l'effet qu'on obtiendrait si l'on venait à abattre la flèche de l'église de Suger, et appliquez ces comparaisons au reste de la France.

# III

## DU BADIGEONNAGE ET DU GRATTAGE DES ÉGLISES.

> Mais de ces monumens la brillante gaîté,
> Et leur luxe moderne et leur fraîche jeunesse,
> D'un auguste débris valent-ils la vieillesse ?
>
> DELILLE.

Une des profanations les plus déplorables commises par l'art moderne, profanation presque sacrilége, c'est le badigeonnage et surtout le grattage des églises.

L'ame s'émeut vivement au milieu de ces murs et de ces colonnes, sous ces voûtes dont toutes les pierres sont empreintes de la poussière que dix siècles y ont successivement déposée, et dont les échos semblent murmurer encore quelque chose des chants et des prières des générations écoulées. Si vous vous êtes arrêté, l'esprit plein de ces idées, dans une église solitaire, un soupir de l'orgue, le gémissement du vent qui pénètre à travers un trou du vitrail, le bruit d'un pas qui glisse timidement sur un pavé chargé d'inscriptions funèbres et d'effigies qu'il craint de fouler, vous font tressaillir, parce que tout vous rappelle la fragilité et le néant de la nature humaine en présence de la gloire et de la majesté de Dieu; mais vous chercherez en vain ces sensations dans un temple bâti de la veille et qui n'a encore retenti qu'au bruit du marteau et aux cris des ouvriers. Ces pierres neuves sont muettes; elles n'ont rien à vous raconter; tout ce qui vous entoure est dénué de souvenirs. Eh! bien, ces souvenirs vous les bannissez de l'église antique, que vous vous efforcez de rajeunir, en la blanchissant à l'aide du pinceau ou de la râpe. L'imagination ne peut errer là où la présence de la main de l'homme, de la matière nouvellement façonnée, l'arrête et la redresse à chaque pas.

Rien n'est moins dans l'esprit de l'église gothique, que l'aspect glacial et blessant de la pierre nue. Il ne sympathise, ni avec le style aérien de l'architecture, ni avec le caractère symboliquement mystérieux que ses inventeurs ont voulu lui donner. Pour y parvenir, en même temps qu'ils multipliaient et qu'ils agrandissaient, par tous les moyens possibles, les jours et les ouvertures, ils tempéraient l'éclat de la lumière par des verrières coloriées, ils couvraient de peintures et d'or jusqu'au fût des colonnes, en sorte que la pierre n'était en quelque sorte pour eux que le noyau indispensable pour la solidité de l'édifice, noyau que l'art devait s'empresser de dérober à la vue. Le mystère, la majesté, la richesse s'alliaient ainsi de la manière la plus heureuse. Mais que trouve-t-on de tout cela dans le temple blanchi à la colle, revêtu d'un badigeon épais et boueux qui empâte le tissu léger des riches dentelles et des innombrables sculptures de tout genre que les artistes de l'époque semaient avec une si grande prodigalité; véritable orfévrerie de pierre, prodiges d'adresse et de patience que nos artistes et nos finances ne suffiraient pas à remplacer, et que nous livrons sans crainte et sans remords à la brosse et au crampon d'un ignorant barbouilleur.

Ces anciennes somptuosités nous sont interdites aujourd'hui, riches pauvres que nous sommes : nous ne pouvons plus couvrir de peintures et de dorures nos églises depuis le haut jusqu'en bas ; tout au plus nous est-il permis d'accrocher de temps en temps quelque médiocre tableau à ses murailles ou à ses colonnes, au risque de voiler ou de défigurer une partie de son architecture, et ce n'est pas l'une des moindres merveilles du dix-neuvième siècle que la France, avec son budget d'un milliard, ait pu parvenir en trente années à terminer les deux églises artistiques de la Madeleine et de Notre-Dame-de-Lorette, qui ne rivaliseront pas encore pour la magnificence avec la cathédrale d'Alby, et telle ancienne église bâtie par une communauté religieuse : Dieu sait pourtant quels débats a suscités un pareil luxe.

Mais au lieu de ce brillant vêtement de couleurs et d'or dont les progrès de l'art ont dépouillé nos églises gothiques, elles en ont reçu un autre tissu par la main du temps, empruntant à son ancienneté même et à son austérité un caractère vénérable qui semblerait du moins devoir exciter les respects. L'église ainsi vêtue est sans doute moins brillante que dans son premier état, mais sa teinte antique ne la rend pas moins mystérieuse et moins poétique. On voit que les joies du triomphe ont fait place aux supplications de la pénitence, que les mauvais jours sont revenus. C'est le cilice et le fer qui ont succédé aux ornemens précieux. Le reblanchiment de l'église est donc une parure insolite sous tous les rapports, si tant est que ce soit une parure

Le badigeonneur varie ses combinaisons. Il adopte également le jaunâtre, le rose et le vert-pomme. Il cherche quelquefois à imiter sur les murailles des marbres de diverses couleurs dont il simule les refends, comme on fait sur les murs d'un escalier, et quelquefois, pour couronner le tout, il barbouille des voussures de bleu-pâle, sur lequel sont figurées quelques étoiles ou quelques fleurs de lis jaunes, couleurs et ornemens typiques que l'on retrouve exactement en sortant de là sur la boutique du perruquier voisin. Il est bon d'observer que les perruquiers de Paris n'en veulent plus depuis long-temps.

Et qu'on ne croie pas que c'est dans quelques pauvres villages isolés, privés, par l'absence de communications avec les autres parties du royaume, de participer au progrès des lumières et du goût, que ces exemples peuvent se rencontrer : non, c'est dans de grandes villes, c'est dans la capitale même; ce n'est pas dans quelques chapelles obscures, c'est dans des cathédrales, ou dans d'autres églises qui ne méritent pas moins d'attirer l'attention des hommes éclairés et celle de l'autorité!

A tout prendre, quelque odieux que soit le badigeonnage d'un temple, il offre peu de dangers, et il y a toujours quelque facilité à le faire disparaître, afin de rendre à l'édifice sa couleur naturelle, et aux sculptures la délicatesse de leurs formes. Il reste à regretter peut-être quelques anciennes peintures qu'il a pu faire disparaître; peut-être aussi cependant aura-t-il, en certains cas, rendu le service de les préserver d'une ruine plus complète.

En plusieurs lieux, en effet, elles ont été re trouvées sous la croûte épaisse dont les embellisseurs les avaient recouvertes. Mais, que dire de cet autre badigeonnage à l'huile, qu'on étend sur des boiseries d'un travail précieux, comme la chaire de Saint-Étienne-du-Mont, et les anciennes stales de la chapelle de Gaillon, transportées à Saint-Denis, dont les finesses ont à jamais disparu sous la peinture à trois couches dont on les a enduites ; opération d'autant plus inconcevable que Paris fourmille aujourd'hui d'ouvriers d'une habileté prodigieuse pour la restauration des meubles anciens, qu'ils savent parfaitement colorer, sans altérer le travail précieux du sculpteur? que dire surtout des regrattages, opération aussi barbare à l'œil que le badigeonnage, et qui joint au désavantage de détruire, d'altérer les formes sans retour possible, celui d'accélérer la ruine du monument? C'est ce que des praticiens ont démontré, quand la rage du rajeunissement, qui, dans la première moitié du dernier siècle, a regratté l'intérieur de Notre-Dame, de Saint-Gervais et des autres églises de Paris ; qui, de nos jours, a regratté le Luxembourg, le Louvre, la façade de la jolie église d'Eu, celle de la cathédrale de Nantes, etc., etc. ; s'est accrochée encore, il y a quelques années seulement, au palais des Beaux-Arts. Espérons, grâce à la réprobation énergique et universelle qui s'est manifestée à cette époque, que de pareils actes de vandalisme ne se reproduiront pas, du moins sur les monumens de la capitale !

L'antipode du badigeonnage et du regrattage des églises, c'est cette incurie que l'on remarque en beaucoup de lieux, qui laisse la maison du Seigneur livrée à la poussière et aux araignées comme l'étable du plus sale paysan ; qui conserve apparentes toutes les réparations que le temps a rendues nécessaires : on dirait d'un vêtement d'arlequin ramassé dans la boue le lendemain du carnaval et qu'on a jeté sur les épaules du saint monument. Non seulement ce défaut de soins pèche contre toutes les bienséances, mais ces sutures, ces replâtrages visibles tuent l'architecture, dont tous les détails disparaissent sous une laide bigarrure qui fatigue, distrait la vue, et tend à mettre en apparence chaque chose hors de son plan, comme les plus légères notions de la perspective aérienne suffisent pour le démontrer.

Le moyen d'éviter ces inconvéniens, c'est de faire raccorder, par des teintes étudiées, le ton des plâtres ou des pierres neuves avec le ton dominant de l'édifice. Il faut lui laisser son air vénérable de vieillesse, et non lui donner l'aspect toujours disgracieux et repoussant de la décrépitude.

Quant aux intérieurs d'églises, un simple époussetage à la brosse, répété à intervalles périodiques convenablement rapprochés, est le meilleur et même l'unique moyen à employer : il suffit pour donner à la pierre un brillant pittoresque, à l'édifice l'aspect d'un lieu entretenu avec respect. Une opération de ce genre vient d'être faite à la belle porte latérale de Saint-Eustache, côté du sud. Tout Paris a pu apprécier l'immense supériorité de ce procédé simple et peu dispendieux sur celui du grattage et du badigeonnage. Faire mieux et à moins de frais, tel est le problème qui a été résolu ici de la manière la plus satisfaisante. Puisse l'exemple trouver beaucoup d'imitateurs!

Nous ne savons si nous nous trompons, mais il nous semble, et nous invitons tous les hommes qui pensent à y réfléchir, il nous semble, disons-nous, qu'il se commettrait moins d'irrévérences et moins de profanations dans une église revêtue de la rouille austère des siècles, que dans une église qu'on vient de parer d'une robe de juvénilité. La voix toujours naïve du peuple dit de la première qu'elle est triste, et dc la seconde qu'elle est *gaie*. La *gaîté* d'une église! C'est précisément ce qu'on dit d'une salle de bal ou d'une salle de spectacle. Qu'on juge combien cet air de *gaîté* est convenable pour provoquer où développer le sentiment religieux.

> De la foi du chrétien les mystères terribles
> D'ornemens égayés ne sont pas susceptibles.

Terminons : une antique église reblanchie est aussi ridicule qu'une vieille femme fardée.

Cette coquetterie maladroite, loin de rendre à l'une ou à l'autre les grâces de la jeunesse, ne fait que mieux remarquer les outrages du temps, que le carmin ou l'ocre jaune ne peuvent suffire à dissimuler. Le badigeon ne répare pas, en effet, les frustes des sculptures, ne rend pas aux murs ondulés et gauchis leur rectitude primitive, aux profils leur vivacité. Il s'ensuit que le vieux monument qui veut paraître neuf a l'air d'avoir été bâti par des mains maladroites, avec de vieux matériaux qu'elles n'ont pas su retailler.

Il ne faut pas enfin que l'impie Jézabel soit la figure de l'église chrétienne.

# IV

## LES MONUMENS FUNÈBRES

### ET LES PAVÉS TUMULAIRES.

Il est impie de disperser les restes de l'homme, car la cendre et les ossemens des morts retourneront à la lumière.

PHOCYLIDE, trad. de Châteaubriand (*Génie du Christianisme*).

Croyez-vous tous ces morts étrangers aux vivans?
Non : d'un tendre intérêt sources toujours fécondes,
Les tombeaux sont placés aux confins des deux mondes,
Rendez-vous triste et cher, où confondant leurs vœux
La vie et le trépas correspondent entre eux.

DELILLE.

Si les réflexions qui précèdent ne sont pas absolument oiseuses, l'homme d'état ne doit pas regretter moins vivement que l'homme religieux la disparition de ces monumens funèbres si pleins de souvenirs et d'enseignemens, la destruction presque universelle de ces pavés tumulaires formés par la piété, et que l'on ne foulait qu'avec un pieux frémissement. Ces enseignes de la mort rappelaient aux fidèles que le christianisme, qui s'est élancé d'un sépulcre à la conquête du monde, a confié son culte naissant et ses premières initiations au silence des tombeaux. Il n'était pas une de ces effigies qui ne semblât crier d'une voix terrifiante : HOMME, SOUVIENS-TOI QUE TU N'ES QUE POUSSIÈRE !

Le peuple, qui voyait sous ses pieds l'image de ceux qui, de leur vivant, marchaient sur sa tête, comprenait mieux qu'un jour vient, où le puissant et le pauvre, également couchés dans la poussière, ne se distinguent plus que par leurs œuvres. Il apprenait à supporter ses maux, à dépouiller ses haines dans cette confiance, et la richesse même des mausolées, qui se dressaient aussi à ses côtés, ne servait qu'à lui rendre la leçon plus frappante. L'accumulation des écus blasonnés et des épitaphes ne faisait ressortir qu'avec plus d'éclat, la vanité des grandeurs humaines et l'inexorable impartialité de la tombe insatiable.

Qui peut dire aussi combien d'impressions salutaires ces oppresseurs de l'humanité, ces fléaux que le ciel envoie aux hommes dans sa colère, n'ont pas rapporté eux-mêmes de ces funèbres contemplations? On parle des vices dont ils se sont souillés, on énumère les crimes qu'ils ont commis; mais qui fera le compte de ceux devant lesquels a reculé leur conscience effrayée, cédant à ces utiles et salutaires admonitions! Dieu seul le sait.

Aujourd'hui les lois de police ont privé la religion et la morale du secours de ces orateurs muets, et toutefois si éloquens. Elles interdisent les inhumations dans l'intérieur des églises par intérêt pour la santé publique. La science a craint que les émanations de corps embaumés, enveloppés dans un double ou triple cercueil, et enfermés dans un caveau clos hermétiquement, portassent préjudice aux vivans ; mais elle ne considère pas comme nuisibles ces quatre grands dépôts mortuaires établis aux quatre points cardinaux de la capitale : elle pense qu'une mauvaise bière de sapin mal clouée et trois pieds de terre à peine tassée doivent suffire pour prévenir tous dangers : elle ne voit rien d'inquiétant dans cet immense amas d'immondices et de cadavres d'animaux que la police entasse au nord de la ville, précisément sous le vent le plus salubre, comme si l'on eût cherché à le corrompre; elle tolère, elle multiplie même les amphithéâtres de dissection, cloaques bien autrement infects et délétères. Que disons-nous ? N'a-t-elle pas publié, à l'époque du choléra, que ces amas de putréfaction étaient plutôt salutaires que nuisibles, en raison de la grande quantité d'ammoniaque qui s'en dégage? Ainsi donc, si l'on persiste maintenant à vouloir éloigner ces fétides réceptacles, ce n'est plus dans l'intérêt de la salubrité, c'est seulement à cause de la mauvaise odeur qu'ils répandent.

Ainsi la science avoue elle-même que les craintes qui l'ont engagée à faire proscrire les sépultures dans les églises étaient chimériques ou au moins exagérées ; et elle a choisi, pour cette exclusion, le moment où, la ferveur diminuant, les églises étaient de jour en jour moins remplies ; où l'indifférence éloignait les vivans en même temps que la police chassait les morts ; c'est-à-dire précisément le temps où le danger, s'il en avait existé, cessait d'avoir quelque importance.

Quelque inconséquente que la science puisse paraître avec elle-même, la prohibition des inhumations dans les églises existe : on ne peut donc plus espérer voir se reformer ce pavé à la fois historique, moral et religieux, et ces hypogées chrétiens dont les siècles passés les avait dotées. Ah ! du moins respectons ce qui existe encore ! Ne détruisons pas le petit nombre des monumens ou des pierres tumulaires échappés jusqu'ici à la destruction. Ne les déplaçons même pas. N'imaginons point de les incruster dans les murailles, sous prétexte qu'ils gênent l'ajustement d'un pavé neuf, ou qu'ils obstruent une chapelle que la fabrique voudrait louer à son profit. Quiconque a parcouru l'ancien Muséum des Petits-Augustins, où l'on avait accumulé une quantité de monumens tirés des anciennes églises, et a visité ensuite un ancien ossuaire, peut dire si ses sensations étaient les mêmes. Un tombeau a perdu tout intérêt moral, s'il n'est plus qu'un objet de vaine décoration ou de simple curiosité, s'il ne recèle ou ne couvre les restes de celui dont il conserve le nom ; c'est à cette condition seulement qu'il sera un objet de respect. Si vous le déplacez aujourd'hui, qui vous garantit qu'on ne le déplacera pas encore demain, et qu'ainsi promené de place en place, il ne finira bientôt par être jeté au moellon? Il n'est pas décent de jouer ainsi avec les tombeaux, et c'est manquer à ce qu'on doit aux morts, que de les priver de la pierre qui les recommandait aux prières des fidèles. Les églises gothiques ne doivent pas devenir des musées.

Malgré les prohibitions de la loi, le gouvernement autorise l'inhumation des évêques qui viennent à décéder, sous le chœur de leurs cathédrales. Pourquoi ne saisirait-on pas cette occasion de reformer à la longue, au moins dans ces églises, un pavé tumulaire, d'autant plus convenable qu'il entourerait l'autel? Il semble que le clergé et l'administration devraient s'empresser de donner suite à cette idée. Les résultats d'économie qu'elle produirait en supprimant la nécessité d'établir des pavés dispendieux, en marbre et en mosaïque, et en les remplaçant par un pavage beaucoup plus précieux, la met au reste complètement en harmonie avec les idées du moment présent.

# V

## SUR L'USAGE DES TABLEAUX

### Pour la décoration des Églises.

Que l'ornement toujours semble fait pour la place.

LEMIERRE.

Les églises ne doivent pas devenir des musées, disions-nous tout à l'heure. Combien donc est bizarre la manie de les encombrer de tableaux accrochés aux murailles, appendus aux colonnes, ou perchés sur leurs chapiteaux, pour tronquer une arcade et cacher toute la perspective qui se déploie derrière ! Il n'y a point d'architecture possible avec cette ridicule fantaisie qui s'en vient rompre toutes les lignes, altérer toutes les formes et donner au lieu saint l'aspect d'un bazar. Les artistes qui ont construit des églises gothiques, les couvraient aussi de peintures, il est vrai; mais ces peintures faisaient corps avec l'édifice: c'était la paroi même qui servait de champ aux tableaux; dès lors point de ces saillies disgracieuses formées par des cadres de toutes dimensions, diversement inclinés, et qui paraissent danser hors de mesure.

C'est donc, osons le dire, une libéralité maladroite que celle qui dote les églises de tableaux qui ne sont point faits pour la place qu'ils doivent occuper. C'est tout au plus, on le sait, si le peintre, à qui l'on commande un sujet, s'informe de la dimension que doit avoir sa toile; si elle doit être de forme parallélogrammatique, ou se terminer par une ogive formée de telle ou telle courbe. Mais, à coup sûr, il n'ira pas sur les lieux consulter la couleur générale de l'édifice, se rendre compte de la valeur du jour auquel son tableau sera exposé; il ne s'informera peut-être pas même si l'église est éclairée par des fenêtres garnies de verres blancs, ou par des verrières colorées. Et que lui importe, en effet, pourvu que le tableau brille au salon? qu'il devienne ensuite ce qu'il pourra dans l'église ignorée des voyageurs, à laquelle il est destiné, et où il n'attirera aucune commande à l'artiste? Aussi a-t-on vu, on le croirait à peine, que le tableau une fois arrivé, on n'a pu le mettre en place faute de place, ou qu'il s'est trouvé annihilé complètement par des accidens de position dont l'auteur ne s'était nullement douté. Il ne reste plus à celui-ci d'autre chance pour l'emploi de son œuvre qu'une nouvelle spoliation des églises, et le transport des objets d'art qu'elles possèdent dans quelques musées particuliers.

Les églises de la capitale, qui étaient cependant sous la main des artistes qui les ont décorées de leurs œuvres, offrent, sous ce rapport, des exemples de tous les genres de bizarrerie et d'incohérence imaginables. Nous engageons les amateurs parisiens à les visiter : ils se figureront plus facilement ce qui arrive dans les provinces.

Il serait temps pour le clergé et pour l'administration de revenir franchement à la peinture appliquée sur le nu des murs, soit à fresque, soit par les nouveaux procédés qu'on a imaginés pour y fixer l'huile. On se rapprocherait ainsi davantage du type primitif, et tous les inconvéniens qu'on vient de signaler disparaîtraient : c'est seulement alors qu'on aurait de la peinture monumentale. Mais ce mode plairait peu aux artistes, lorsqu'il s'agirait de l'employer autre part qu'à Paris, d'abord à cause du déplacement, ensuite parce qu'il faudrait renoncer au bénéfice de l'exposition.

Les mosaïques sont encore d'un heureux effet et d'une longue durée. On encourage la renaissance de cet art pour des parquets et d'autres superfluités de ce genre; pourquoi ne pas lui donner une direction plus élevée? Un beau panneau en mosaïque, représentant l'œuvre d'un grand peintre, exécuté dans une chapelle ou sur les frises d'un sanctuaire, serait bien plus utile, par exemple, qu'un grand morceau de tapisserie à sujets des Gobelins, qui, dans nos usages actuels, ne sert absolument à rien. Il semble qu'ici les destinations sont changées, et qu'il conviendrait beaucoup mieux de réserver la haute lisse pour couvrir les planchers, et les mosaïques pour revêtir les murailles.

# VI

## LES VERRIÈRES.

..... L'artiste gothique
Semait à pleines mains sur son vitrail mystique
Les anges et les saints, les couleurs de l'iris,
Et l'éclat de l'opale, et le feu des rubis.

ANONYME.

Les vitraux peints ou colorés sont un des élémens de l'architecture gothique, et une de ses gloires. Ils en sont inséparables comme la flèche, comme la forme ogivale. Les supprimer, les remplacer par des verres blancs, c'est opérer sur l'édifice une véritable castration.

Nous ne répèterons pas ici ce que nous avons dit plus haut de leurs merveilleux effets, de leur caractère poétique et religieux. Nous ne suivrons pas non plus les progrès de l'art du peintre verrier depuis la fin du douzième siècle, époque des riches et brillantes mosaïques en verre de couleur, entremêlées de cartels et de médaillons, dans lesquels des figures de petite dimension, également formées de pièces de rapport, représentaient dans un seul vitrail toute la vie du saint, jusqu'au seizième siècle, illustré par les grands sujets des Pinaigriers, des Jean Cousin, des Bernard Palissy et des Angrand. Mais nous signalerons l'incurie avec laquelle on laisse tomber en ruine les vitraux que nous avons eu le bonheur de conserver, et l'impéritie que l'on met généralement dans les restaurations. Depuis cent cinquante ans on s'est figuré que l'on ne pouvait avoir des églises trop éclairées. Ce motif et celui de l'économie ont concouru simultanément, on peut dire même à l'envi, à dépouiller les églises de leurs anciennes verrières. Personne, au reste, ne se souciait beaucoup alors de recueillir ces *vieilleries* qu'on jetait au panier du vitrier.

C'est le mauvais goût qui a commencé ces dévastations; ce n'est que depuis un certain nombre d'années, que la cupidité a eu son tour, et que les curieux et les marchands de bric-à-brac se sont mis à parcourir les provinces et les villages pour mettre à profit la pauvreté des fabriques de paroisse, et l'ignorance des paysans qui les composent.

Là où ils n'ont pas pénétré encore, et où la fabrique n'a pas été assez riche, par conséquent, pour remplacer les vieux verres peints par des verres blancs, on a bien été obligé de raccommoder les panneaux quand la pluie passait trop facilement au travers, quand le vent se faisait un passage suffisant pour souffler les cierges sur l'autel. Alors on a vu d'étranges choses : une main placée au bout d'une jambe, des figures portant deux têtes sur un même buste; Hérodiade recevant un chapiteau au lieu du chef de saint Jean-Baptiste; des anges moitié animaux ou moitié arbustes, et Judith, empruntant le bras d'Abraham pour frapper un Holopherne qui porte une tête de femme placée à rebours sur ses épaules.

Ces restaurations grotesques et maladroites que l'insouciance des architectes abandonne à l'inhabileté de grossiers ouvriers, ne sont même pas générales; plus souvent on abandonne complètement les verrières à la destruction.

Les plombs des croisées de la Sainte-Chapelle de Paris sont dans un tel état de dégradation, que l'on comprend à peine comment les verres peuvent tenir en place, et que le moindre coup de vent pourrait occasionner en un instant les accidens les plus déplorables pour l'art et pour l'histoire. Ce n'est qu'à la manière dont l'église est abritée qu'on doit la conservation presque miraculeuse de ces belles verrières, encore si complètes malgré les nombreuses suppressions et les mutilations qu'elles ont subies; mais un accident peut arriver, et quels amers regrets ne donnerait-il pas?

Si nous ne citons que la Sainte-Chapelle de Paris, ce monument, élevé par la piété de saint Louis, dans la plus belle période de l'architecture gothique, ce n'est pas que dans mille autres endroits nous n'ayons pu trouver des preuves de cet abandon désespérant auquel sont livrés des objets si précieux. Mais qui pourrait sérieusement adresser des reproches à une pauvre petite ville de province, à une misérable bourgade, lorsque la ville aux cinquante millions de revenus, la ville des académies, des artistes, des amateurs, des savans, la ville modèle enfin donne l'exemple.

Depuis un certain temps, néanmoins, la peinture sur verre a repris quelque faveur. Les chimistes ont retrouvé, ou ont cru avoir retrouvé la composition de ces belles couleurs que nous admirons dans les anciennes verrières, et dont on prétendait que le secret s'était perdu. Pour l'homme qui y regarde de près, il est démontré que nous possédons aujourd'hui tous les moyens matériels nécessaires pour reproduire les magiques effets obtenus par les anciens artistes verriers, et qu'il ne s'agit plus que d'en faire usage. Mais, sur ce point, nos artistes sont évidemment dans la voie la plus fausse, et il est bon de les en avertir.

Leur principale erreur consiste à croire qu'ils sont chargés d'exécuter des tableaux sur le verre, comme d'autres en font sur la toile. Il arrive ainsi qu'ils ne produisent que des œuvres bâtardes, qui tenant de deux principes, lesquels ne doivent avoir rien de commun, manquent absolument le but proposé.

Si l'on veut se rappeler que l'église gothique est typique dans toutes ses parties, que ses découpures à jour ne sont qu'une réminiscence arrangée par l'art, des rameaux entrelacés des chênes druidiques, rudimens des piliers multiformes de l'édifice, on reconnaîtra que la division des panneaux de verre en une multitude de pièces irrégulières, assemblées par des filets de plomb très apparens, ne tenait pas uniquement à la maladresse de l'ouvrier; et comment les verriers eussent-ils été si maladroits lorsque les maçons travaillaient la pierre, matière bien autrement rebelle que le plomb, avec une délicatesse si prodigieuse? Il y avait donc calcul, il y avait système dans cette apparente grossièreté des assemblages faits par le verrier.

Peu à peu ils ont tendu à disparaître au fur et à mesure que l'esprit de l'œuvre gothique s'effaçait; les peintres sur verre du quinzième et du seizième siècle, époque de rénovation artistique et religieuse à la fois, cherchèrent à moderniser les fenêtres des anciennes églises, comme il modernisaient l'architecture ; eux déjà affectaient de faire des tableaux, au lieu de se borner à décorer des panneaux. Ils peignirent de grands sujets, et s'efforcèrent de rendre plus rares les sutures en plomb, en employant de plus grandes pièces, ou de les dissimuler en les amoindrissant. Ils n'osèrent pas néanmoins encore briser les divisions architectoniques, et l'on remarque avec regret d'admirables figures, de riches compositions coupées tout à travers par de grandes barres de fer, servant à la fois à assujétir les panneaux, et à maintenir les colonnes ou meneaux qui forment les divisions de la croisée.

Au dix-neuvième siècle, on a cru faire faire à l'art un nouveau pas, en agrandissant les pièces, en supprimant, autant qu'il était possible, les traverses, en faisant usage du verre le plus mince qu'on a pu produire, et en diminuant la largeur des plombs d'assemblage de manière à les rendre à peu près imperceptibles. Il résulte trois inconvéniens de ce système : premièrement, c'est que plus on s'éloigne du caractère de la verrière tel que l'avaient compris les artistes de l'époque, plus on est en discordance avec celui de l'architecture ; secondement, c'est que l'emploi des grandes pièces de verre les rend plus fragiles, et rend en même temps leur remplacement plus dispendieux et plus difficile; troisièmement, c'est que la rareté et la ténuité des plombs, font que l'assemblage est moins solide, et ôtent tout l'effet brillant et pittoresque que les anciens verriers savaient si bien obtenir.

Il faut donc recommander aux artistes qui s'occupent aujourd'hui de la peinture sur terre, d'étudier les vieux vitraux avec le même soin que nous recommandons aux architectes d'étudier les monumens mêmes ; de chercher à bien reconnaître les époques, à saisir l'artifice des combinaisons des couleurs dans les assemblages en marqueterie, de consulter les tableaux et les cartons des Albert Durer, des Holbein, des Jean de Bruges, et de copier autant que cela se peut d'anciens panneaux, au lieu d'en composer. Ils auront assez d'occasions d'exercer leur propre génie pour les églises modernes, les cabinets des curieux ou les boudoirs des petites-maîtresses; mais que la vieille église gothique soit pour eux l'arche sainte, qu'ils n'y touchent qu'avec respect et vénération.

Nous dirons enfin, au risque de blesser beaucoup de prétentions, que l'exposition de la peinture sur verre, au salon, entraîne aux plus mauvais résultats. Il est impossible de juger, à dix pieds de distance, ce qui doit être vu de soixante ou quatre-vingts. Tout le monde connaît l'histoire de la Minerve de Phidias. On engage ainsi les artistes à se familiariser avec un travail petit et mesquin, dont l'habitude les empêche ensuite de se livrer à cette manière large et chaleureuse, qui peut seule produire un effet convenable dans un grand édifice et à une grande hauteur. Le faire hardi, accentué et un peu brutal du peintre décorateur, est le seul qui puisse avoir un véritable succès. Or, imaginerait-on d'exposer une décoration d'Opéra au salon?

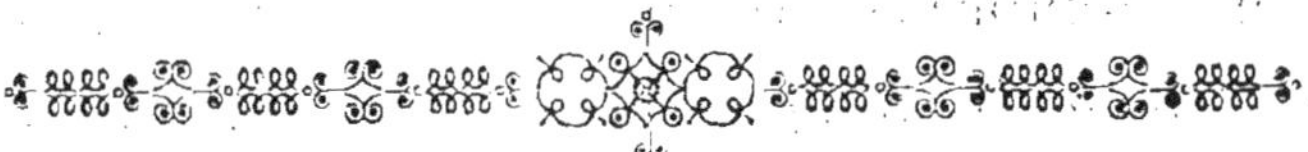

## VII

## LES AUTELS.

Qui a substitué au vieil autel gothique splendidement encombré de châsses et de reliquaires, ce lourd sarcophage de marbre à têtes d'anges et à nuages..... ce lourd anachronisme..... de pierre?

V. Hugo.

Les autels anciens sont devenus fort rares en France. Il n'y a pas une paroisse, pour ainsi dire, dont le curé n'ait voulu avoir son autel à la mode; et les architectes n'ont eu garde de manquer à faire observer alors qu'il fallait en même temps mettre le sanctuaire et les stalles du chœur en harmonie avec l'autel nouveau. C'est en honneur de l'harmonie qu'on a gâté, déshonoré le chœur de Notre-Dame de Paris, celui de Notre-Dame de Chartres, et une infinité d'autres.

Les défenseurs des autels à la mode sont encore nombreux. Ils prétendent qu'un autel *est un meuble* qui doit être assorti au goût du jour. Le clergé lui-même est assez généralement de cet avis, et ne connaît rien de mieux qu'un *tombeau à la romaine.*

Il semble cependant que rien ne devrait être plus immuable dans une église que l'autel principal. Cet autel est réellement, ou est censé représenter le tombeau du saint à qui l'église est dédiée, du moins doit-il toujours, autant que cela est possible, contenir des reliques.

Dans les premiers siècles du christianisme, la plupart des églises étaient construites pour enfermer le tombeau élevé à quelque saint martyr ou confesseur. Le tombeau, si modeste qu'il fût, précédait l'édification de la basilique ou de la chapelle. On le décorait ensuite avec des voiles précieux, auxquels peu à peu l'architecture a substitué ses ornemens. Quelquefois ce tombeau même, dans l'intervalle des persécutions, était déjà un monument; d'autrefois, c'était une chapelle tout entière qu'on enclavait dans une chapelle plus grande. Quoi qu'il en soit, dans l'origine, la place des églises était presque toujours le lieu où reposaient les os d'un saint, ou le lieu où il avait répandu son sang, lorsqu'on n'avait pu recueillir ses restes. L'érection de l'église n'était que la réparation. Il y a donc anachronisme moral a donner au tombeau, à l'autel, un caractère postérieur à celui de l'édifice qu'il est censé avoir précédé; et il y a oubli du sentiment religieux, à ne le considérer que comme un *meuble*. Cette idée ne pouvait venir dans les esprits que lorsqu'on a commencé à voir avec indifférence fouiller les ossuaires et en transporter les dépouilles.

L'autel d'une église a donc un caractère traditionnel d'antiquité qu'il n'est pas permis de méconnaître, et qui doit interdire de lui donner une physionomie moderne. Il y aurait plutôt convenance à ce qu'il parût être plus ancien que l'église.

Quant à son importance relative, comme objet d'art, ce n'est point par sa masse qu'on doit la juger, mais bien par la place qu'il occupe et par le rôle qu'il remplit, s'il peut être permis d'employer cette expression.

Si nous entrons dans une église déserte, c'est d'abord l'autel que cherchent nos yeux. Si, au moment d'une cérémonie, c'est sur l'autel que se porte aussitôt notre esprit, c'est le point essentiellement attractif; il semble que ce soit lui qui, dès lors, devrait déterminer l'ordonnance et le style de l'édifice, et non s'y accommoder, encore moins prêter à la discordance par des transformations successives. Si quelque chose doit être invariable dans son aspect et dans sa forme, ce doit être ce tombeau consacré, destiné à servir d'autel pour des rites invariables qui se célèbrent dans une langue morte, chantée sur une musique à part, que n'ont altérée ni le temps, ni les révolutions de l'art. Les prêtres eux-mêmes ont conservé les ornemens et les habits qu'ils portaient dans ces siècles reculés. La forme des vases sacrés n'a pas sensiblement changé. Quels rapports y a-t-il donc entre ces hommes et ces choses d'un autre âge et l'autel moderne? Ne voit-on pas que tout cela jure de se trouver ensemble?

Non, qu'on se le dise bien, l'autel à la mode appelle un rituel nouveau; et l'abbé Châtel, tout absurde et tout scandaleux qu'il soit, n'a pas été du moins inconséquent, quand il est venu psalmodier son mauvais français avec accompagnement de piano, devant un simulacre d'autel, décoré comme le comptoir d'un café. Il y a corrélation parfaite.

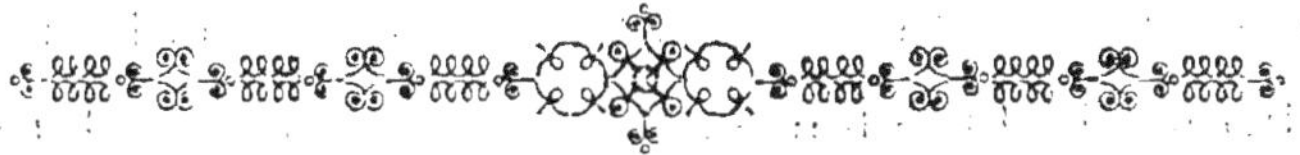

# VIII

## LES JUBÉS

ET

## CLOTURES DU CHŒUR ET DU SANCTUAIRE.

Qui pourra, grand Dieu! pénétrer
Ce sanctuaire impénétrable,
Où tes saints inclinés, d'un œil respectueux,
Contemplent de ton front l'éclat majestueux?

J.-B. Rousseau.

Ce sanctuaire, que le moyen âge dérobait aux yeux avec tant de soin, au dessus duquel planait un nuage d'encens qui rappelait cette nuée qui vint se poser sur le sanctuaire du temple de Jérusalem, au moment de sa consécration, ce sanctuaire est aujourd'hui ouvert de toutes parts. Il est facile de compter les édifices qui ont conservé leurs anciennes clôtures, mais il serait plus difficile d'énumérer les tentatives multipliées faites pour les détruire.

Le clergé lui-même prétend que ces clôtures n'ont aucune signification. Il nie, et la tradition de l'ancien sanctuaire conservée dans le nouveau, et l'allégorie du voile qui se déchira du haut en bas, au moment solennel où le sacrifice fut consommé ; allégorie si bien représentée par l'ouverture de la riche portière du jubé gothique, au moment de la consécration ; il ne veut pas même reconnaître dans ce sanctuaire isolé, ces saintes chapelles dont nous parlions dans le chapitre précédent, élevés d'abord à la mémoire du saint, et que les premiers siècles entouraient souvent ensuite d'une construction plus importante, mettant ainsi une église dans une église ; il ne veut voir dans ces riches barrières, où l'art avait prodigué toutes ses magnificences, comme à Notre-Dame de Paris, à Notre-Dame de Chartres, à Notre-Dame d'Amiens, à Sainte-Cécile d'Alby, que de mesquines précautions prises contre le vent et le froid par les chanoines, au temps où ils chantaient matines au milieu de la nuit. Le clergé tout-puissant du moyen âge célébrait les saints mystères dans cette enceinte, impénétrable aux regards et presque à la pensée; depuis, le célébrant n'a pas cru pouvoir être jamais assez en vue. Alors on a abattu les jubés et les clôtures qui le dérobaient aux regards. Le pupitre gênait encore; alors, par un renversement de toutes les idées, on a mis l'autel en avant, et le pupitre et le chœur en arrière. C'est depuis qu'on a vu qu'un autel pouvait se déplacer aussi facilement, se transporter à volonté d'un bout de l'église à l'autre, qu'on s'est accoutumé à l'envisager comme un meuble, lorsqu'il devrait être considéré comme la pierre angulaire, comme le fondement inébranlable de l'édifice.

Il n'existe peut-être plus en France dix de ces hauts et magnifiques jubés construits par les artistes du moyen âge. Dans quelques églises, comme à Chartres, à Rouen et à Amiens, on les a remplacés par de laides constructions modernes, qui, pour le coup, sont bien de véritables et de ridicules paravens, tout aussi gênant *pour la vue* que les anciens jubés, et qui n'ont ni leur style ni leur effet pittoresque. Partout ailleurs, on a mis à l'entrée du chœur de ces hautes fermetures en fer, surchargées d'enroulemens que la fin du dix-septième siècle et les deux premiers tiers du dix-huitième élevaient à l'entrée de la cour d'un riche palais, et, un peu plus tard, des rampes taillées sur le modèle des balcons de l'empire, ou des grilles que les boulangers et les marchands de vin de l'époque adoptèrent pour la décoration de leurs boutiques. La poétique de l'art n'essaya point de faire un pas au-delà. Tout le mystère recélé par le vieux jubé découpé, brodé, dentelé, ciselé par les treizième, quatorzième et quinzième siècles, la solennité de l'apparition de l'épistolier et de l'évangéliste au haut de cette tribune, tout cela a disparu, tout cela fut vulgarisé, tout fut mis au niveau de tous. Qu'on dise ce qu'ont gagné à ces réformes la religion, l'église ou la société?

L'Angleterre, tout hérétique qu'elle est devenue, a montré un esprit plus conservateur que la France. Presque tous ses anciens jubés sont encore debout, et dans beaucoup d'églises, elle s'en est servie pour placer l'orgue. Il en est de même dans quelques églises d'Allemagne. C'est une heureuse idée, qui dispense d'encombrer l'entrée du temple, de masquer, comme nous le faisons presque partout, l'intérieur du pignon occidental par une construction postiche sans aucun rapport avec l'architecture. On évite ainsi de partager l'attention des fidèles entre les chants du chœur qui retentissent en avant, et ceux de l'orgue qui se font entendre par derrière. Plusieurs exemples donneraient à croire que les architectes gothiques avaient senti cet inconvénient, et s'étaient efforcés de rapprocher l'orgue du chœur. L'usage anglais est peut-être un perfectionnement.

On semble croire que l'interposition d'une masse compacte au milieu d'une longue perspective est nuisible à son effet : c'est une erreur. Les peintres scénographes savent très bien que rien n'est plus propre que ces interpositions qu'on appelle *repoussoirs* dans le langage technique, à donner du charme à la perspective, à en multiplier la profondeur, et à la rendre vaporeuse.

Ne nous arrêtons pas davantage sur ce

point, puisque nos églises sont dépouillées de leurs jubés, et qu'il n'entre probablement ni dans l'esprit du clergé, ni dans celui de l'administration de les faire reconstruire. Bornons-nous à émettre le vœu que les cinq ou six qui ont échappé aux démolisseurs, soient religieusement respectés, et que le clergé s'en montre le gardien fidèle, au risque d'être un peu moins vu lui-même.

Ajoutons un autre vœu : celui que l'on renonce à ces grilles mesquines et ridicules dont l'usage fut introduit pour fermer le devant et le pourtour du chœur des églises. Si l'on veut absolument que la barrière soit percée à jour, qu'on emploie ces riches clôtures découpées en pierre ou en bois, dont les quatorzième et quinzième siècles entouraient les chapelles réservées, et dont il reste encore de nombreux fragmens. Si l'économie ne permet plus de se livrer à des dépenses considérables de main-d'œuvre, l'industrie viendra à son secours au moyen du moulage en fonte de fer ou autres substances également résistantes. Le caractère de la construction y gagnera beaucoup, car il ne sera pas défiguré par l'ambition prétentieuse d'un architecte ignorant ou par la maladresse d'un sculpteur inhabile. L'emploi de ce système conduirait naturellement à ménager à chaque côté du jubé une tribune élevée pour la lecture de l'évangile et de l'épître.

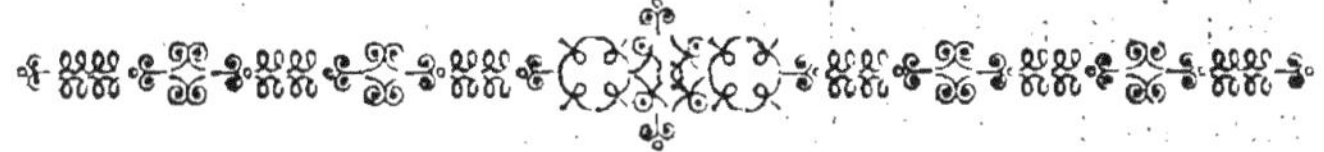

# IX

## LES CLOCHES,

### LES VASES SACRÉS, LES ORNEMENS,

Les Missels, etc.

*Laudo Deum verum. Plebem voco. Congrego clerum.*
*Defunctos ploro. Pestem fugo. Festa decoro.*

LÉGENDE D'UNE CLOCHE.

Ce chapitre n'est en quelque sorte ici que pour mémoire, afin d'épuiser tout ce qui a rapport aux anciennes pompes du culte.

La cloche, si intimement unie au rite chrétien, a, comme la religion elle-même, une voix pour toutes les joies comme pour toutes les douleurs. Elle sonne l'Angelus de chaque jour comme le tocsin d'allarme, le glas funèbre comme le brillant carillon des solennités.

La cloche est une des splendeurs que la révolution a fait déchoir en France. Elle s'est transformée, dans le creuset de la Constituante, et depuis, dans celui encore plus actif de la république, en pièces de canon, qui n'ont, je crois, jamais servi, et en monnaie grossière dont il reste encore quelques débris. Dans ces creusets sans fond s'engloutirent simultanément les précieux reliquaires, les vases sacrés, trésor des arts de toutes les époques ; les crosses antiques, les chasubles et les dalmatiques d'or. Toutes ces immenses richesses ne laissèrent dans la coupelle révolutionnaire que quelques écumes *pour la nation*, étonnée d'un si faible produit. Elle ne le fut pas moins de voir quelque temps après, les incorruptibles agens commis à la recherche des insignes de la féodalité et de la superstition, échanger leurs sabots contre des phaétons, et descendre de leurs greniers pour habiter les somptueux hôtels dont ils étaient devenus possesseurs, tant la pratique des vertus républicaines porte bonheur.

Les beffrois actuels de nos églises ne sauraient donner une idée des anciennes sonneries, composées quelquefois de douze et même de dix-huit cloches. L'ébranlement causé à l'atmosphère par le retentissement de toutes ces cloches, lorsqu'elles étaient mises en mouvement, jetait dans les têtes une sorte de vertige qui détournait l'esprit de toute préoccupation étrangère. On peut dire que la commotion produite par cette musique singulière, qu'on pourrait comparer à une pièce de poésie dont on abandonnerait les syllabes détachées aux mille combinaisons du hasard, établissait une espèce de courant magnétique qui nous entraînait malgré nous-mêmes au saint temple. C'était une des applications du *compelle intrare* de l'Évangile.

Nos clochers long-temps muets n'ont encore retrouvé qu'à grand'peine quelques articulations de cette voix qui les faisait retentir; et cependant, quel air de fête répand tout à coup le bruit des deux ou trois cloches de la paroisse ou de la cathédrale, mises en branle un jour de solennité. Tout prend aussitôt un aspect riant : le front de l'incrédule même se déride, et, par le temps le plus sombre, on semble étonné que le soleil ne vienne pas à luire. Cet effet sympathique explique suffisamment les anciennes croyances, qui attribuaient à la cloche le pouvoir de chasser les mauvais esprits, de dissiper les malignes influences, et même de conjurer les orages, malgré les funestes et nombreux accidens produits par cette pieuse erreur, que le clergé, disons-le en passant, devrait combattre avec plus d'énergie.

C'est néanmoins une chose merveilleuse, que cette grande voix, dominant celle de la tempête pour annoncer la prière au monde chrétien; la prière que ne doivent point interrompre même les convulsions des élémens; cette voix de la charité, parlant plus haut que l'ouragan, pour se faire entendre du pélerin égaré. Envisagée sous ce point de vue, l'imprudence que nous déplorions tout à l'heure prend un caractère sublime de dévouement au prochain, et de confiance dans la protection divine; mais il est écrit: Tu ne tenteras point le Seigneur.

Rien n'a changé, ni dans le caractère ni dans la forme de la cloche. Il n'en est pas de même des objets qui composent le mobilier et l'intérieur de l'église : ceux-ci ont éprouvé l'effet des influences novatrices ou dévastatrices qui ont agi sur le monument. Tout est devenu grêle, sec et mesquin. Les ornemens du prêtre ont perdu de leur magnifique ampleur. L'ancienne mitre épiscopale, chargée de sculptures et de ciselures, qui affectait la parure de la tiare, est aujourd'hui un simple morceau de tissu. Quelle comparaison à faire entre les maigres enroulemens des crosses de nos évêques, entre les formes pauvres et froides des vases sacrés que renferment des tabernacles encore plus pauvres, et les crosses à reliquaires et à statuettes, les vases à puissans reliefs du moyen âge, et même de l'époque transitoire de la renaissance?

Que sont devenus ces instrumens de paix, niellés par Benvenuto-Cellini et ses émules? Le reliquaire de saint Vincent de Paul a fait crier au scandale pour sa somptuosité; et cependant il n'y avait pas une paroisse un peu riche autrefois qui n'en possédât de beaucoup plus précieux. Ni l'or ni les pierreries n'étaient suffisans alors pour les choses saintes : il fallait que l'art, l'art poussé au dernier degré de perfection, l'art entièrement libre dans ses abondantes inspirations, vint donner à ces matières le prix qui leur manquait.

On se rappelle le concours qui eut lieu entre Raphaël et Michel-Ange pour un candelabre. Aujourd'hui, ces sortes d'objets se moulent en cuivre et plus souvent en carton-pierre. L'orfèvre estampe ses calices, ses ciboires au lieu de les sculpter ou de les graver. Ces moyens simplifiés, inventés par l'industrie, pourraient se faire pardonner le tort qu'ils ont de reproduire toujours la même chose, si du moins ceux qui les emploient avaient assez de goût pour les appliquer à la reproduction des chefs-d'œuvre de l'orfévrerie du moyen âge, au lieu de quêter des modèles insignifians chez les élèves de ces mêmes architectes qui dégradent les églises.

On répète avec beaucoup d'emphase qu'il faut favoriser les études archéologiques et encourager les arts. C'est de l'archéologie, c'est de l'art que l'orfévrerie et le mobilier des églises du treizième siècle. Un beau calice, une belle crosse, ont autant de mérite qu'un beau missel; et celui-ci peut en avoir plus, même sous le rapport historique, qu'une chronique que le style, le temps et les vers ont de concert rendue inintelligible.

# X

## DE L'ISOLEMENT DES ÉGLISES.

Les occupations extérieures tirent l'ame au dehors, et l'empêchent de se recueillir et de se tenir présente à Dieu.

IMITATION DE JÉSUS-CHRIST.

Il existe malheureusement des causes de destruction encore plus actives que l'incurie des hommes et l'effort du temps, c'est la perte de ce respect qu'on avait autrefois pour les monumens. Il a été remplacé par un esprit de profanation et de dégradation véritablement révoltant. C'est lui qui couvre les murailles de nos édifices d'ignobles lazzi, d'hiéroglyphes obscènes qui font rougir le passant d'indignation; c'est lui qui, sous l'uniforme protecteur de l'ordre public, mutilait pendant la nuit, à coups de baïonnettes, le palais de la Bourse; c'est encore lui qui brise à coups de pierres les vitres des églises, malgré les treillages en fer dont on est obligé de les revêtir; qui abbat, par manière de passe-temps, les têtes et les bras des statues, et les fleurons des chapiteaux dont leurs portes sont décorées. Honte à une population qui tolère de pareils excès, lorsqu'il lui serait si facile de les empêcher par une surveillance continuelle et une répression active.

Ces dévastations sont, au reste, un des fruits du faux système qui consiste à isoler les édifices au milieu de vastes places. Les églises du moyen âge ne sont point faites pour être vues aussi à découvert : elles ne sont convenablement placées qu'au milieu du silence et de la retraite; elles aiment à se voir entourées de demeures modestes et paisibles, qui semblent venir se presser à leur pied, comme pour y chercher une protection; elles ont besoin surtout d'être environnées de ces cloîtres muets et solitaires, destinés à l'habitation des ministres et des serviteurs du temple, qui en formaient la garde, comme autrefois la tribu de Lévi à Jérusalem. C'est seulement alors qu'elles conservent leur caractère pieux, mystérieux et solennel; que le recueillement, la méditation et les pensées graves se trouvent près du sanctuaire. Mais on les cherche vainement, lorsque le bruit des voitures qui circulent tout autour au dehors, les cris des marchands ambulans ou des enfans que leurs parens laissent vagabonder sur la voie publique, viennent couvrir la voix du célébrant; lorsque les chants des hommes ivres se mêlent à ceux du chœur, ou que l'orgue de Barbarie ou la musique du charlatan qui débite ses drogues s'unissent aux mélodies (souvent bien profanes) de l'orgue consacré; lorsque les tambours ou les trompettes du régiment qui défile ou qui parade sur la place viennent troubler tout à coup l'homme qui prie, ou le pénitent qui s'accuse dans l'obscur réduit du confessionnal.

Nous ne craignons pas de dire que la cathédrale de Paris a perdu beaucoup de sa majesté depuis qu'on l'a dégagée des maisons qui l'entouraient. Tout le monde se rappelle encore l'aspect de sévérité qu'offrait il y a quelques années seulement la ruelle étroite et anguleuse qui conduisait du parvis au pont aux Doubles: l'effet était sans doute mieux en harmonie avec le vieux style du monument que celui de ce grand vide, qui frappe soudainement depuis que la portion avoisinante de l'Hôtel-Dieu et les murs de l'archevêché sont détruits. Il est facile de juger par ce seul rapprochement, de l'ancienne physionomie de l'édifice, entouré de son cloître silencieux, où l'herbe croissait entre les pavés rarement foulés par le pied des passans. Notre belle basilique, vue de l'autre bord de la rivière, représente aujourd'hui un gros éléphant au milieu du désert. Si l'on poursuit le projet d'abattre toute la portion de l'Hôtel-Dieu qui reste dans la Cité, l'éléphant ne sera plus qu'un dromadaire accroupi. Et puis, ôter les malades d'auprès de Notre-Dame, la mère des pauvres et des affligés! l'hôpital bâti par les évêques de Paris, d'auprès de la cathédrale élevée par leurs soins! l'œuvre charitable de saint Landry d'auprès de l'œuvre artistique de Maurice de Sully! n'est-ce pas comme si l'on éparpillait les feuillets d'un livre? comme si l'on dispersait les membres d'une statue? comme si l'on brisait les liens de la famille?

Nous ne craignons pas de le dire, c'est en dédaignant, en méprisant tous ces accessoires, si bien appréciés par nos pères, dans ces siècles si pleins du sentiment religieux; c'est en s'efforçant de placer matériellement les églises dans les mêmes conditions que les édifices destinés aux usages profanes, en les faisant participer aux progrès de l'agréable et du *confortable*, qu'on a fini par réduire les pratiques religieuses au niveau des simples affaires de goût, de mode et de commodité; qu'on a eu des ténèbres de Longchamps, des messes musquées, et enfin des églises désertes. Dès que l'église n'a plus été qu'un bâtiment accidentellement jeté sur la voie publique comme une salle de spectacle, comme un bazar, comme un café, on s'est dit naturellement : J'y entrerai en passant, comme on se dit : J'entrerai en passant au Musée.

# XI

## RESTAURATION

## DE NOTRE-DAME DE PARIS.

> Parmi ces églises brille d'un éclat particulier l'église bâtie au milieu de l'île de Paris, d'une noble et magnifique architecture, et consacrée à Dieu en l'honneur de la bienheureuse Vierge Marie, sa mère, que toute la France, et plus particulièrement la ville de Paris, reconnaît et vénère pour sa patronne.
>
> B. du Pape Pie VII.

L'auteur, en essayant de faire partager à tous ceux à qui il s'adresse, les impressions produites sur lui par de longues études et par les faits nombreux qu'il a pu recueillir, n'a pas eu la prétention de préparer une révolution dans l'architecture, de la ramener vers le treizième siècle pour la construction des églises. L'art de cette époque a fait son temps : il a péri avec les mœurs, avec les institutions, avec le langage. Toutes les croyances ont été ébranlées ou détruites ; tous les prestiges qui agissaient alors d'une manière si puissante sur les esprits ont été remplacés par un seul sentiment, par un désir qui dévore toutes les classes, celui de l'argent. Nul ne se tient satisfait dans une honnête médiocrité; nul n'apprend plus d'une religion d'humilité et de résignation à subir les chances de sa condition avec courage, dans l'espoir de la récompense promise pour une autre vie. Il faut jouir, jouir promptement, jouir à tout prix, parce que le moment presse, parce que le néant seul est ce qui nous frappe au delà du tombeau. De là cet empressement, cet encombrement sur les routes de la fortune, où la foule se presse, se pousse, se culbute, s'étouffe; où des milliers meurent écrasés sous les pieds des autres, avant d'avoir pu apercevoir seulement de loin la divinité trompeuse objet de tous leurs vœux. Dans cette effroyable mêlée, d'où s'échappent mille cris d'angoisse et de désespoir que couvrent à peine le bruit du pistolet de l'assassin et du suicide, ou les imprécations du forçat arrêté au milieu de sa course par la chaîne du bagne, qu'importe l'esprit de la famille, qu'importe l'honneur, et qu'est-ce que les arts surtout, cette source de jouissances délicieuses pour une ame calme et honnête, ont à faire au milieu de cet horrible charivari? Oui, vraiment, les classes inférieures ont atteint un degré d'aisance qui leur fut long-temps inconnu, un degré d'instruction que ne possédaient pas autrefois même les classes privilégiées. Oui, l'industrie a fait des progrès inouïs, et se prépare à en faire sans doute d'autres encore plus surprenans; mais la société est-elle constituée plus solidement qu'il y a plusieurs siècles? Y a-t-il une plus grande somme de bonheur répandue dans ses rangs? Chacun se trouve-t-il content de ce qu'il est enfin parvenu à acquérir? Non, non; il faut avoir le courage de le dire. Toutes ces améliorations apparentes n'ont fait qu'exciter la soif de ceux qui les ont obtenues, et surtout de ceux qui n'y ont pas participé. L'aisance aspire à la richesse, la richesse à l'opulence; l'éducation engendre la soif de l'ambition; l'industrie se dévore elle-même en se perfectionnant. Tandis que par la facilité et l'immensité de ses productions toujours croissantes, elle favorise et répand le goût des superfluités, le convertit en besoin irrésistible, elle fait tout ce qui est propre pour empêcher de le satisfaire; elle ne rêve qu'inventions nouvelles, et chacune de ses inventions réduira à la misère tous ceux qui exploitaient les anciens procédés, depuis le gros fabricant ou le négociant jusqu'au dernier de ses facteurs ou de ses ouvriers, entraînant dans leur chute tout ce peuple de spéculateurs secondaires qui confient le produit de leurs sueurs ou le patrimoine de leur famille aux chances d'un jeu bien autrement funeste que celui que la loi vient de prohiber.

Lorsque la société en est venue à ce point, lorsque le fatal rateau de l'intérêt pécuniaire a aplani toutes les distinctions sociales, lorsque la fortune seule est une illustration, lorsque les descendans des familles nobiliaires substituent à leur arbre héraldique la nomenclature de leurs usines, ou de leurs filatures ; à leurs antiques parchemins la patente de l'industriel ; lorsque le palais de la Bourse est devenu le temple de Salomon pour cette société qui a si bien su dérober l'héritage du peuple juif du moyen âge ; oh ! alors il est convenable, il est rationnel que tous ses édifices aient un même cachet, une même physionomie, puisque partout on porte les mêmes préoccupations. Une église peut alors ressembler à la Bourse ; une autre à un entrepôt, etc., afin que le coulissier de chez Tortoni, ou l'agioteur sur les huiles ou sur les farines, puisse y entrer quelquefois par distraction et sans trop se compromettre.

Mais l'auteur n'aura pas perdu tout le fruit de ses soins, si ses paroles ont eu assez de retentissement pour engager les hommes chargés de veiller à la conservation de ces édifices, legs pieux des siècles passés, à les restaurer avec une fidélité éclairée et scrupuleuse, à en arracher quelqu'un à la fureur impitoyable de la bande noire ou du faiseur d'alignemens. Le respect pour la vieillesse était une des vertus les plus recommandées dans l'antiquité. Cette vertu n'est plus guère de mise par le temps qui court ; tâchons que les monumens soient plus heureux que les hommes qui ont trop vécu. Peut-être une chose réagira-t-elle ensuite sur l'autre, et la société n'y perdrait rien.

C'est au gouvernement qu'il appartient de donner l'exemple. Celui des sacrifices gigantesques qu'il a faits et qu'il fait encore pour la construction et pour l'ornementation de deux églises modernes, comparé à l'état de dégradation et de dénudation dans lequel on laisse les églises du moyen âge, est d'un funeste effet : il témoigne d'une prédilection exclusive qui ne peut manquer d'être partagée par les administrations secondaires. Le moyen, pour la province, de croire que la ville modèle, que l'on jalouse, que l'on hait, mais qu'on imite en dépit de soi-même, que ce centre d'où rayonne la lumière sous les auspices de l'autorité tutélaire du gouvernement et des écoles savantes, porte un intérêt égal à deux systèmes opposés, lorsqu'un seul obtient toutes les faveurs, tous les applaudissemens, absorbe des millions, tandis que l'autre est délaissé, abandonné, traqué dans les toiles d'une étroite et mesquine économie. Profusion d'un côté, parcimonie de l'autre : la balance n'est certes pas égale.

Il est vrai de dire, pourtant, qu'on répare ou plutôt qu'on reconstruit l'église de Saint-Denis, et qu'on parle de restaurer la Sainte-Chapelle de Paris. La première de ces deux entreprises se traîne silencieusement et péniblement à travers les échafaudages et les planches depuis une trentaine d'années. Sans rien préjuger relativement au mérite des architectes qui l'ont successivement dirigée, on dira cependant qu'il n'a guère été question jusqu'ici que de l'œuvre du maçon, exécutée avec plus ou moins d'intelligence, mais que l'inspiration de l'artiste n'y a pas encore paru. On rétablit le squelette, mais rendra-t-on la vie à ses membres? couvrira-t-on leur nudité? Rien n'annonce qu'on y songe.

Quant à la Sainte-Chapelle, ce monument, malgré le puissant intérêt qu'il inspire à l'artiste et à l'antiquaire, qui va d'ailleurs en quelque sorte disparaître au milieu des constructions parasites dont on veut embarrasser sans nécessité les environs du Palais de Justice, est d'une trop médiocre dimension, et ne saurait jamais avoir une destination assez importante pour que sa restauration exerce une grande influence sur l'art et sur la routine.

Ce n'est que la restauration d'un vaste et majestueux édifice qui peut servir de type et de véhicule. L'un des plus nobles, des plus magnifiques monumens de cet ordre, est sans doute la métropole de Paris. La vastitude de ses proportions, l'imposante harmonie que produit un heureux mélange des divers styles de son architecture hybride, le privilége qu'elle a d'être la première église de la capitale, de servir aux grandes solennités publiques, les souvenirs de tout genre qui l'ont illustrée, tout se réunit pour appeler sur elle, d'une manière particulière, les faveurs du gouvernement. Ajoutons que la restauration parfaite de cette vénérable basilique aurait pour avantage de mettre en regard, de la manière la plus complète, l'église du moyen âge et l'église moderne, de permettre de les comparer sans distraction, et un pareil rapprochement ne serait certainement pas stérile pour l'étude de l'art.

Hâtons-nous donc de faire disparaître ces odieuses marbreries qui déshonorent le chœur et quelques chapelles, et de rappeler l'ogive typique qu'elles ont envahie. Envoyons au Musée tous ces tableaux qui cachent, qui dévorent l'architecture, et remplaçons-les, ainsi que l'ignoble badigeon qui salit toutes les parois du saint édifice, par des peintures apposées, comme le faisaient les artistes gothiques, sur la pierre même. Réparons l'œuvre de dévastation commise par le dix-septième siècle en rétablissant les verrières peintes. Donnons à quelque église de Louis XIV ou de Louis XV, les boiseries du chœur, et tâchons d'en faire de nouvelles sur le modèle de celles qui ornent le chœur de la cathédrale d'Amiens. Faisons disparaître au plus vite cette ruine de l'architecture banale de Soufflot, qui est restée sur une des faces de l'église comme une laide verrue; osons même rétablir ce magnifique fronton du Jugement dernier que l'architecte de Sainte-Geneviève osa mutiler, et cette suite chronologique des rois de France que le fléau révolutionnaire abattait simultanément avec la royauté, car il est bon de se rappeler que lorsqu'on commence à détruire les saints, on n'est pas loin de renverser les statues des rois; que les unes et les autres se relèvent donc en même temps.

Le digne couronnement de l'œuvre serait la réédification de la flèche qui existait il y a un siècle sur le transept. Il ne faudrait pas même excepter ni l'ange sonnant de la trompette, qui se voyait il n'y a pas bien longtemps encore entre les deux tours, ni les gargouilles qui naguère aussi étaient enchaînées aux angles de ces tours, et tout le long des corniches extérieures. Toutes ces figures sont symboliques, et le vandalisme bourgeois qui les supprime par l'unique motif qu'elles jettent de l'eau sur les passans quand il pleut, est aussi déplorable qu'il est ridicule.

Puis, une autre réparation restera à faire; il

faudra repeupler la solitude de la royale église. Cette solitude produit l'effet le plus douloureux : un pauvre chapitre de dix chanoines, encore diminué par les infirmités et la vieillesse, quelques chantres d'emprunt et quelques musiciens amateurs, voilà tout ce qu'on peut réunir aujourd'hui dans les grandes solennités pour garnir un vaste chœur qui n'offre pas moins de quatre-vingt-douze stalles, dont les deux tiers demeurent vides ; un seul thuriféraire est chargé d'offrir l'encens, et se promène décontenancé d'un bout à l'autre de ce chœur abandonné. A voir cet appareil mesquin, ces ornemens pauvres que revêtent les célébrans, ces tapis fanés et usés qui recouvrent le pavé, on se croirait presque encore à cette époque de funeste mémoire où le culte chrétien ne se remontrait que sous la protection d'une tolérance douteuse, dans la superbe métropole, naguère envahie par le culte de la Raison.

Qu'on ne l'oublie pas, si la religion est nécessaire au maintien des états, comme étant la source et la sanction de toute morale, et par conséquent le plus ferme appui du lien social, ce n'est pas en laissant ce culte dans la misère et l'abandon, qu'on lui rendra aux yeux du peuple le caractère vénérable qu'il n'est que trop disposé à lui contester. Son indifférence ne saurait motiver celle du gouvernement; plus elle tend à s'accroître, plus au contraire il est du devoir de celui-ci, comme protecteur de l'ordre social, de s'efforcer à la combattre. Ecartons désormais ces vaines questions d'alliance ou de séparation du trône et de l'autel, dans un but de domination. Grâces au progrès, nous sommes arrivés à un temps où les peuples craignent peu au fond le pouvoir et ses excès: celui qui a tout au plus assez de force pour se protéger soi-même, n'est guère disposé à opprimer autrui; mais il est un autre but auquel doivent concourir simultanément le pouvoir civil et le pouvoir religieux, et malheur à tous deux s'ils l'oublient, s'ils se séparent ici au lieu de marcher de front en unissant leurs forces. Ce but, c'est la reconsolidation, par les influences morales, de la société, que les influences purement matérielles tendent à dissoudre rapidement. Le gouvernement apprécie cette nécessité, puisqu'il annonce protection au culte, puisqu'il publie que l'instruction doit être essentiellement morale et religieuse : mais les parcimonies du budget trahissent les intentions. Y a-t-il protection suffisante au culte lorsque ses édifices nus et dégradés croulent de toutes part ? Y a-t-il réalisation complète de ce vœu que l'instruction soit morale et religieuse, lorsque le prêtre chargé de répandre l'instruction religieuse est réduit à faire entendre sa parole dans le désert, parce que la pauvreté du lieu saint, l'état d'abandon dans lequel on le laisse en éloigne la foule ? Ah ! sans doute, pour rappeler un mot célèbre, le prêtre n'ayant à la main qu'une croix de bois a fait plus de prosélytes, plus de miracles, que lorsqu'il l'a échangée contre une croix d'or; mais la croix de bois avait sa puissance au temps des persécutions, parce qu'elle était le gage du martyre. Dans un temps de tiédeur et d'indifférence, il n'en est plus de même : le peuple regarde paisiblement choir ce que le pouvoir laisse tomber; il y a trop d'intérêts qui le poussent, qui le pressent, qui l'appellent en tout sens à haute voix, pour lui permettre d'attacher quelque importance à ce qui ne paraît pas en avoir beaucoup aux yeux de ceux dont la mission est de voir pour lui.

De toutes les églises, celles où l'état se charge de pourvoir aux besoins, les cathédrales, sont certainement les plus délabrées; c'est pourtant bien ici, pour lui, le cas de donner la mesure de l'intérêt qu'il porte au culte de la majorité, majorité qui après tout forme la presque unanimité. Et entre toutes ces églises, en proie à la pauvreté, la plus pauvre est assurément l'église de Paris, celle qui par son rang, par sa situation, par la destination qu'elle remplit en certaines circonstances, semblerait devoir effacer toutes les autres par la splendeur de son aspect, par l'éclat de ses cérémonies.

L'époque est probablement encore éloignée où les paroles que nous avons fait entendre pour réclamer la restauration de ce magnifique monument, auront quelque résultat; en attendant, nous osons conjurer le gouvernement de meubler sa sacristie, de remplir ses stalles désertes, de lui former un chœur dont la voix soit assez puissante pour ne pas se perdre sous ses voûtes immenses dont les échos restent muets. La majesté du culte catholique et tous les intérêts que la religion favorise, le réclament de la manière la plus pressante. Les arts eux-mêmes, dont la voix est, dit-on, aujourd'hui si puissante, plaident la même cause; ils demanderont que la musique vienne compléter l'œuvre de l'architecture, de la peinture, de la sculpture, et que la chapelle dont la création est projetée par un ministre éclairé, soit attachée à l'église métropolitaine de Paris.

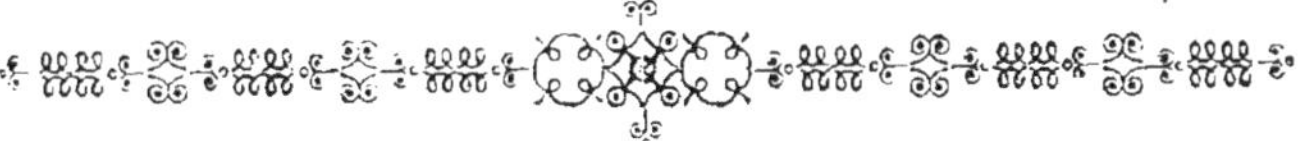

# XII

## UN DEMI-SIÈCLE DE MUTILATIONS.

.... Voyez-vous tous ces édifices? En vérité, je vous le dis, ils seront tellement détruits qu'il n'y demeurera pas pierre sur pierre.

SAINT-MATTHIEU.

Le lecteur, malgré tout ce qui a été raconté plus haut des effets destructeurs et des prétendus progrès de l'art, ne se formerait encore qu'une idée incomplète des ravages qu'ils peuvent occasionner, si nous ne mettions, en terminant, sous ses yeux, l'inventaire des églises du moyen âge, élevées du dixième siècle au seizième, qui ont été mutilées, renversées, ou déshonorées par les restaurations, dans la seule ville de Paris, depuis cinquante ans. Sans doute nous avons traversé, sur la fin de ce demi-siècle, une période de destruction qui heureusement ne se reproduit pas fréquemment dans nos annales; cependant il faut reconnaître, pour être juste, que même à cette époque, de funeste mémoire, la manie des embellissemens a renversé plus de monumens religieux que l'athéisme révolutionnaire. La république avait besoin de temples de la Raison. Il en fallait à Robespierre, pour y proclamer l'ÊTRE SUPRÊME ET L'IMMORTALITÉ DE L'AME; aux théophilantropes, pour y déployer leurs gigantesques pancartes, et y célébrer leurs plates cérémonies. Le *confortable* a poussé le vandalisme et l'impiété plus loin que n'avaient fait la Convention et le Directoire : il a abattu sans pitié ce que les autres avaient du moins laissé debout.

Les notices qui suivent sont bien succinctes; mais il n'était pas question de faire la description des édifices, encore moins leur histoire : nous nous sommes borné à rappeler ce qu'ils avaient de plus remarquable, autant qu'un rapide coup d'œil pouvait le permettre.

Ce catalogue, réduit ainsi qu'on l'a dit aux

édifices construits du dixième au seizième siècle, peut donner une idée de l'étendue des pertes que le culte a subies dans l'espace de cinquante années. Le nombre des églises modernes abattues, ou dont la destination a changé, n'est guère moins considérable que celui des églises du moyen âge, qui ont éprouvé le même sort.

## SAINT-ANDRÉ-DES-ARCS.

Monument hybride des treizième, quinzième, et seizième siècles. On remarquait la tour pittoresque du clocher. L'emplacement, occupé par l'église, forme aujourd'hui la place Saint-André-des-Arcs.

Parmi les monumens funèbres qui décoraient cette église, on distinguait ceux de De Thou, de d'Aguesseau. Une inscription placée à la mémoire d'une princesse de Conti, rappelait qu'en 1662 cette princesse, alors âgée de vingt-cinq ans, vendit toutes ses pierreries pour nourrir les pauvres durant la famine, et que quelques années après, étant devenue veuve, elle restitua tous les biens dont l'acquisition lui était suspecte, jusqu'à concurrence de 800,000 livres. Ni ces nobles souvenirs, ni les noms des deux illustres magistrats ne protégèrent l'église contre les fureurs révolutionnaires et l'avidité de la bande noire.

### SAINT-ANTOINE (ABBAYE DE),

Rue Saint-Antoine.

Eglise bâtie sur la fin du douzième siècle. On remarquait la beauté et la délicatesse de son architecture gothique. Cette église renfermait les tombeaux de Jehanne et de Bonne de France, filles de Charles V. Son emplacement est occupé par des maisons particulières, et par un passage.

### AUGUSTINS (GRANDS).

Église bâtie sous Charles V, vers la fin du quatorzième siècle. Sur son emplacement, on a construit le marché à la Volaille.

C'est dans cette église que se faisait la cérémonie des promotions de l'ordre du Saint-Esprit.

La chaire était l'un des ouvrages les plus remarquables de Germain Pilon.

### AUGUSTINS (PETITS).

Chapelle bâtie par Marguerite de Valois, première femme de Henri IV. Elle fait aujourd'hui partie des bâtimens de l'École des Beaux-Arts.

### SAINT-BARTHÉLEMY,

Vis-à-vis le Palais de Justice.

Chœur bâti vers 975, par Hugues Capet. Une autre portion fut rebâtie sous le règne de François Ier. On a construit sur son emplacement le théâtre de la Cité, devenu le bal du Prado.

Le roi Robert, fils de Hugues Capet, allait, revêtu d'une chape, chanter au lutrin dans cette église, et lors de l'excommunication qu'il encourut par son refus de rompre son mariage avec Berthe, sa cousine, ne pouvant plus franchir le seuil du temple, il se tenait sur la porte pour entendre la messe. C'est là qu'un jour, dit-on, on lui apporta dans un bassin d'or recouvert d'un voile, un monstre dont la reine venait d'accoucher.

### SAINT-BENOIT,

Rue Saint-Jacques.

Cette église avait conservé sa nef et son portail, rebâtis sous François Ier. A la révolution, elle fut transformée en un magasin de farine. On imagina d'y bâtir un théâtre après 1830. Les architectes respectèrent alors le portail, l'un des plus jolis chefs-d'œuvre de l'époque de la Renaissance. Mais depuis on l'a détruit complètement.

### BERNARDINS (LES),

Près le Marché aux Veaux.

Église bâtie en 1338, et considérée comme un chef-d'œuvre de l'art gothique. On y remarquait un escalier rond à double vis, de dix pieds de diamètre, extrêmement curieux, et des boiseries précieuses que Henri II fit faire en 1556. L'église a été démolie pour former un passage, depuis converti en rues. L'ancien monastère, situé sur la rue des Bernardins, sert de dépôt à la ville de Paris.

## CARMES (LES),

Place Maubert.

Église bâtie au quatorzième siècle, sous les règnes de Philippe-le-Bel, de Philippe-le-Long et de Charles-le-Bel. Jehanne d'Evreux, troisième femme et veuve du dernier de ces princes, donna, pour l'achèvement et l'ornement de l'église, sa couronne, la fleur de lis qu'elle eut à ses noces, sa ceinture et ses tressons d'orfévrerie. Ces joyaux étaient garnis d'une grande quantité de perles, de diamans et d'autres pierres précieuses.

L'église renfermait entre autres antiquités, le tombeau de Marguerite de Bourgogne, fille de Jean-sans-Peur, femme de Louis de France, duc de Guyenne et dauphin de Viennois.

Sur les quatre faces du cloître, des peintures représentaient la vie des prophètes Elie et Elisée. On y lisait aussi l'histoire de l'Ordre en vieilles rimes françaises. Dans le jardin existait encore, en 1789, la chaire de pierre du haut de laquelle Albert-le-Grand, saint Bonaventure et saint Thomas donnaient publiquement leurs leçons.

L'emplacement de ce beau monastère est occupé aujourd'hui par le marché de la place Maubert.

## CARMÉLITES (LES),

Faubourg Saint-Jacques.

L'église avait été bâtie au temps de Robert, fils de Hugues Capet, peut-être antérieurement, car déjà, sous le règne de ce prince, le couvent était habité par des religieux de Marmoutiers. L'église souterraine était beaucoup plus ancienne. Elle renfermait une chapelle dite de Saint-Denis, où la tradition voulait que ce saint se fût tenu long-temps caché. Cette église souterraine était merveilleusement ornée. Personne n'y pénétrait hormis les religieux. On prétendait que cet édifice était anciennement un temple de Cérès. Les érudits se sont beaucoup exercés pour caractériser une statue qui était sur le portail : les uns prétendant qu'elle représentait une Cérès, d'autres un Mercure; Saint-Foix y voyait un Teutatès; les moins enthousiastes y reconnaissaient un saint Michel, ce qui diminuait singulièrement son antiquité.

Les démolisseurs ont mis tout le monde

d'accord, en privant la ville de Paris de l'un de ses plus anciens édifices.

## CÉLESTINS (LES),

Quai des Célestins.

Église bâtie sous le règne du roi Charles V. On voyait au portail la statue de ce roi, tenant dans sa main le modèle de l'église, et une autre statue représentant la reine Jehanne de Bourbon, sa femme.

Le duc d'Orléans, Louis, fils puîné de Charles V, pour expier les maux causés par sa fatale imprudence, lors de la malheureuse mascarade du roi Charles VI, imprudence qui eut des conséquences si désastreuses, fit bâtir aux Célestins une chapelle dans laquelle il fut enterré en habit de célestin en 1407.

On voyait aussi dans cette église, l'une des plus riches de Paris en monumens, les tombeaux de Jehanne de Bourbon, femme de Charles V; de Philippe de France Ier, duc d'Orléans, fils puîné de Philippe de Valois, mort en 1391; de Léon de Lusignan, roi d'Arménie, mort en 1393; de madame Jehanne de Bourgogne, « épouse de très noble prince mon« seigneur Jehan, duc de Bethfort, *régent de*

« *France*, trépassé à Paris, l'an de grâce 1432. »

L'église possédait un jubé et un lutrin, en précieuses sculptures, faits par Germain Pilon.

Cet ancien monastère a été transformé en quartier de cavalerie.

## SAINTE-CHAPELLE,

Dans l'île du Palais.

Tout l'intérieur de l'église haute et de l'église basse, celui de l'oratoire de saint Louis, dont le zèle pieux fit bâtir ce joli monument, l'un des types les plus parfaits de l'architecture du treizième siècle, ont été complètement dévastés. Il ne reste que les murailles et une partie des vitraux de ces deux églises, les plus richement ornées de celles que renfermait la ville de Paris. Les deux premiers panneaux du bas des verrières ont été enlevés tout à l'entour pour *raccommoder le reste*.

La Sainte-Chapelle renfermait une multitude innombrable de reliquaires et de joyaux de toutes sortes, aussi précieux pour l'art que pour la matière. Sur le maître autel était une représentation du monument même en vermeil, garnie de pierreries. Derrière le maître autel, au rond-point de l'église, on voyait une grande châsse de bronze doré, élevée sur quatre piliers soutenant une voûte gothique. Dans cette châsse étaient renfermées les reliques que saint Louis fit venir de Constantinople.

Le catalogue des richesses de la Sainte-Chapelle, inscrit dans Corrozet, contient plusieurs pages. On prétend que celles qui étaient dues au saint roi, n'avaient pas coûté moins de deux millions. Tout a été dispersé et à peu près complètement détruit.

L'ancien escalier, dont quelques restes subsistaient encore sous l'empire, fut remplacé à cette époque par l'ignoble construction qu'on voit aujourd'hui.

## CHARTREUX,

Rue d'Enfer-Saint-Michel.

Cette église fut bâtie vers la fin du treizième siècle, par Eudes de Montreuil. Ce monastère possédait encore une chapelle élevée par le même artiste. Tous ces monumens ont été détruits pour agrandir le jardin du Luxembourg. Leur emplacement est occupé par une partie de l'avenue de l'Observatoire et de la pépinière.

### CLUGNY (ÉGLISE DE),

Place de la Sorbonne.

La chapelle de l'ancien collége de même nom, bâtie en 1262, et qui a servi d'atelier à notre célèbre David, vient d'être démolie et remplacée par des maisons d'habitation.

### SAINT-COME,

Rue de la Harpe.

Cette église, bâtie en 1212, vient d'être abattue pour former le prolongement de la rue Racine.

### SAINTE-CROIX-DE-LA-BRETONNERIE,

Rue de ce nom.

Cette église fut bâtie par Eudes de Montreuil, sur l'ancien Champ-aux-Bretons. Il n'existe plus que l'emplacement, dont on a fait un passage.

### SAINT-DENIS-DU-PAS.

Cette église existait déjà au douzième siècle. Elle était située derrière celle de Notre-Dame, et a été démolie pour faire le quai qui tient la place de l'ancien terrain.

### SAINT-ÉTIENNE-DES-GRÈS,

Rue Saint-Jacques.

Elle existait déjà au temps de Henri I<sup>er</sup>. Il n'en reste rien.

### SAINT-ÉTIENNE-DU-MONT,

Montagne Sainte-Geneviève

Cette charmante église, dont la principale partie date des treizième et quinzième siècles, que la reine Marguerite de Valois enrichit en 1610 du joli jubé qu'on y voit encore, vient d'être déshonorée par un grossier badigeonnage. On a eu en même temps la malheureuse invention d'encastrer dans les grands vitraux les panneaux en verres peints qui décoraient le cloître, et qu'on attribue aux Pinaigriers. On a ainsi dégarni le cloître de ses ornemens, sans aucun profit pour l'église, les panneaux étant de dimensions trop petites pour qu'on puisse bien distinguer les sujets et apprécier le mérite des peintures à la hauteur où elles sont placées. La chaire, chef-d'œuvre de sculpture en bois, n'a pas été plus respectée que l'église. On l'a revêtue d'une peinture à l'huile à trois couches, qui a détruit pour jamais l'admirable délicatesse du travail.

## FILLES-DIEU,

Rue Bourbon-Villeneuve.

Cette église, commencée en 1495, fut achevée en 1582. Charles VIII posa la première pierre. Le passage du Caire est construit sur l'emplacement de cette ancienne communauté, fondée par saint Louis.

## SAINTE-GENEVIÈVE,

Montagne Sainte-Geneviève.

Cette église fut bâtie par Clovis, dans le sixième siècle, et terminée seulement en 1175. Elle renfermait encore, au moment de la révolution, le tombeau de ce roi, reconstruit dans le douzième siècle et placé au milieu du chœur. La reine Clotilde y avait été également inhumée, mais plus tard ses reliques furent tirées de son tombeau et exposées à la vénération des fidèles, dans une châsse magnifique, qui n'égalait pourtant pas, à beaucoup près, celle de la sainte et modeste vierge de Nanterre, sous l'invocation de laquelle l'église était placée.

Cette châsse que quelques-uns ont faussement attribuée à saint Eloi, paraît n'avoir été faite qu'en 1242. Elle était de vermeil; l'orfèvre y avait employé cent quatre-vingt-treize marcs d'argent et huit marcs d'or. Plusieurs rois et reines s'étaient complu à l'enrichir de pierreries. On y remarquait surtout une couronne et un bouquet de diamans, donnés par Marie de Médicis et par Marie-Elisabeth d'Orléans, reine douairière d'Espagne.

L'ancienne crypte, bâtie au sixième siècle, avait été le lieu de la sépulture de la sainte. La voûte était soutenue par des colonnes et des piliers de marbre.

On n'a conservé que la tour de cette église, qui a été démolie pour former la rue de Clovis.

## SAINT-GERMAIN-DES-PRÉS.

L'ancienne église, bâtie par Childebert, avait la forme d'une croix. Les colonnes étaient de marbre; les lambris dorés; les murailles ornées de peintures à fond d'or. Le pavé était composé de grands compartimens de pierres de rapport. Cette église, détruite par les Normands, fut rebâtie dans le cours du onzième siècle telle que nous la voyons, sauf les mutilations et les restaurations qu'elle a subies. La grosse tour du portail est le dernier reste des constructions de Childebert. Les deux autres tours, qui s'élevaient encore, il y a quelques années, au dessus de la croisée, ont été détruites par *économie*.

Avant le dix-septième siècle, l'édifice n'était couvert que par un lambris.

Parmi les richesses que renfermait cette église, on remarquait une châsse de deux pieds dix pouces de longueur. Suivant les anciens inventaires de l'abbaye, les orfèvres y avaient employé deux cent cinquante marcs d'argent et vingt-six marcs deux onces d'or, sans y comprendre le coffre où étaient les reliques de saint Germain. On y comptait deux cent soixante pierres précieuses et cent quatre-vingt-dix-sept perles. Cette châsse, faite en 1408, avait la forme d'une église, soutenue par six piliers butans, terminés par des clochetons, et entre lesquels étaient douze niches, destinées à recevoir les douze apôtres. L'une des extrémités avait la forme d'un portail magnifique, sur lequel on voyait le Père Éternel, assis la tiare en tête, le Saint-Esprit sortant de sa bouche sous la forme d'une colombe, et posant sur le haut de la croix où Jésus-Christ était attaché, et que le Père Éternel tenait des deux mains. L'abbé *Guillaume*, qui fit faire la châsse, figurait à la droite de la Trinité, la crosse en main et la mitre en tête, et le roi Eudes, en habits royaux, était à la gauche. Le portail opposé représentait saint Germain en habits pontificaux, ayant à ses côtés saint Vincent et saint Étienne, en habits de diacre. La châsse était supportée par six figures tenant chacune un phylactère sur lequel on lisait des vers latins.

L'abbaye renfermait, outre l'église, une chapelle de cent pieds de long sur vingt-neuf de large, dédiée à Notre-Dame, bâtie sous le règne de saint Louis par P. de Montereau, auteur de la Sainte-Chapelle, et dont le travail était d'un goût admirable.

La révolution a fondu la châsse, démoli la chapelle, et abattu les statues royales qui ornaient les porches de l'Eglise.

## SAINT-GERMAIN-L'AUXERROIS.

Cette église, dont la construction remonte en partie au neuvième siècle, a été tellement mutilée dans son intérieur par les embellissemens qu'on y a faits à diverses époques, que cet intérieur, aujourd'hui, est entièrement dépourvu d'intérêt. On a vu plus haut, dans le chapitre des Dévastations, quelles ont été les œuvres du sieur Bacarit; il est probable que c'est à ce même architecte qu'on a dû la suppression du jubé élevé à l'entrée du chœur par

Pierre Lescot et Jean Goujon; heureusement, il a respecté le porche dont le fond n'est autre chose que l'ancien portail que l'on fait remonter au temps de Philippe-le-Bel, mais qui paraît tenir beaucoup plus de l'époque antérieure contemporaine de la construction des deux porches latéraux de la cathédrale de Chartres. Quant au porche même, évidemment ajouté, quelques érudits l'attribuent au règne de saint Louis; c'est du moins une imitation du porche inférieur de la Sainte-Chapelle.

On remarque aussi le portail sur la rue des Prêtres, et une jolie porte du seizième siècle sur la rue Chilpéric, au commencement du rond-point.

Cette vénérable église, si déshonorée par les architectes du dix-septième et du dix-huitième siècle, fut condamnée à être démolie par l'empire qui avait encore moins de respect que les deux siècles précédens pour les monumens du moyen âge. L'émeute vint en aide aux démolisseurs après la révolution de 1830, et fit une partie de leur ouvrage après avoir chassé le culte. Espérons que le gouvernement de Louis-Philippe ne sanctionnera pas cette œuvre de l'anarchie, et que les arts et la religion n'auront pas à ajouter la perte de l'un des plus anciens monumens de la capitale, sur le catalogue déjà si nombreux des pertes de même genre qu'ils ont à déplorer.

### SAINT-GERMAIN-LE-VIEUX.

Cette église, située au Marché-Neuf, ou Marché-Palu, existait avant le quatorzième siècle : elle ne fut terminée que dans le seizième ; elle a été remplacée à la fin du dix-huitième par des maisons d'habitation.

### SAINT-GERVAIS,

Derrière l'Hôtel de Ville.

Cette église, rebâtie vers le quinzième siècle, possède encore de beaux vitraux, peints par Jean Cousin et par Pinaigrier. En 1736, on a gratté et repiqué toute l'architecture intérieure. Son portail, bâti ou du moins commencé en 1616 par Jacques Desbrosses, fut longtemps cité comme un modèle. Quelques personnes osent dire aujourd'hui que ce n'est qu'un hors-d'œuvre souverainement ridicule, et qui ne vaut pas, considéré même isolément, les frais qu'on se dispose à faire pour le mettre en vue.

C'e st JacquesDesbosses qui fut proprement l'inventeur, ou au moins le plus célèbre metteur en œuvre de ce système de décoration menteuse, composée de plusieurs ordres d'architecture, froidement rangés les uns au dessus des autres comme des livres sur les rayons d'une bibliothèque, et qui accuse ainsi plusieurs étages lorsqu'elle ne sert réellement qu'à cacher le vide. C'est lui qui substitua au Palais de Justice la glaciale et lourde salle des Pas-Perdus que nous voyons aujourd'hui, à cette ancienne salle gothique de la Table de Marbre, si riche, si pittoresque, que le feu dévora en 1618.

Si ce que nous avons dit dans cet ouvrage sur la poétique des églises gothiques, et en particulier sur le langage de la façade que nous considérons comme l'exorde du poëme, a laissé quelque trace dans l'esprit du lecteur, et s'il cherche à en faire l'application au portail de Saint-Gervais, la question élevée entre l'architecture antique et l'architecture moderne sera bientôt résolue pour lui.

## SAINT-HILAIRE,

Au haut de la montagne Sainte-Geneviève.

Cette église, qui existait déjà au treizième siècle, et dont on ignore l'origine, a été démolie.

### SAINT-HONORÉ.

Cette église des treizième et seizième siècles, située autrefois au coin des rues Saint-Honoré et Croix-des-Petits-Champs, n'existe plus.

### SAINT-HIPPOLYTE,

Rue Mouffetard.

Cette église, de construction antérieure au douzième siècle, a été démolie.

### SAINTS-INNOCENS,

Rue Saint-Denis.

Eglise rebâtie en 1445, et dont l'emplacement fait maintenant partie de celui des halles.

### JACOBINS

De la rue Saint-Jacques.

Grande et vaste église bâtie par saint Louis; elle tombait en ruines lorsqu'elle fut démolie; son emplacement est occupé par une rue et par les maisons environnantes.

On voyait dans cette église les tombeaux de plusieurs princes ou princesses de la maison de France, notamment ceux des chefs des trois branches royales de Valois, d'Evreux et de Bourbon.

## SAINT-JACQUES-LA-BOUCHERIE.

L'église, monument de diverses époques, ne fut terminée que sous le règne de François Ier; il ne reste plus que la tour, que la ville de Paris vient de racheter pour en assurer la conservation; l'emplacement de l'église est occupé par un marché.

## SAINT-JEAN-EN-GRÈVE.

Eglise bâtie dans les treizième et quatorzième siècles; détruite pour agrandir l'Hôtel-de-Ville et pour percer une rue.

## SAINT-JULIEN-LE-PAUVRE,

Rue du même nom.

Eglise bâtie au douzième siècle.

## SAINT-LANDRY,

En la Cité.

Eglise fort ancienne, démolie pour l'élargissement des abords du quai Napoléon.

### LA MADELEINE,

Rue de la Juiverie.

La nef fut bâtie en 1140 et le chœur en 1491; elle a été remplacée par des maisons d'habitation.

### SAINT-MARCEL,

Rue Mouffetard.

Cette église fort ancienne, puisqu'elle renfermait le monument funèbre du fameux Pierre Lombard, le maître, et ensuite le rival d'Abeilard, décédé en 1164, a fait place à des maisons particulières.

### SAINTE-MARIE L'ÉGYPTIENNE OU LA JUSSIENNE,

Rue Montmartre, au coin de la rue de la Jussienne.

Cette chapelle, bâtie vers le douzième siècle, a été remplacée par des maisons particulières.

### SAINTE-MARINE,

Située dans l'impasse de ce nom.

Cette petite église était anciennement la paroisse de l'*évêché;* il en reste encore quelques vestiges dans la partie inférieure des maisons qui l'ont remplacée.

### SAINT-MARTIN-DES-CHAMPS,

Rue Saint-Martin.

L'église, dont les auteurs qui ont écrit sur Paris attribuent généralement la reconstruction à Henri Ier, est évidemment postérieure à ce prince; il n'en reste, à proprement parler, que le chœur défiguré par des additions d'assez mauvais goût, qui ont la prétention d'imiter le style gothique; cette église, réduite à ses simples murailles, fait partie du Musée des Arts et Métiers.

### MATHURINS,

Rue Saint-Jacques.

L'église paraît avoir été bâtie vers le commencement ou le milieu du treizième siècle; sur ses fondations sont élevées les maisons qui font le coin des rues Saint-Jacques et des Mathurins.

### NOTRE-DAME.

« On a blanchi, il y a quelques années, l'in-
« térieur de cette vaste église; en lui donnant
« plus de clarté, en la rendant plus agréable,
« on a rajeuni ce vieil édifice tout comme le fard

« rajeunit la vieillesse et la rend ridicule; on « l'a privé de cette teinte sombre, religieuse et « respectable que donne une longue suite de « siècles, et qui convient bien mieux à la majesté « d'un temple que les ornemens et les riches- « ses que nous avons la manie d'admirer dans « nos églises comme dans nos salons. »

C'est ainsi que s'exprimait Dulaure, en 1786, dans sa *Nouvelle description des curiosités de Paris*.

Ces plaintes et ces réflexions pourraient être réimprimées mot à mot en 1836, au bout d'un demi-siècle, dans le *Conducteur de l'étranger*. Ce demi-siècle, qui a appris tant de choses aux hommes, n'a pas suffi pour faire comprendre à ceux à qui la conservation de la sainte et noble basilique est confiée, tout ce qu'il y a de barbare, de ridicule, et même de profanatoire dans le badigeonnage des anciennes églises.

Il faut dire néanmoins, pour être juste, que depuis cinquante ans on a fait des progrès en ce genre, car on ne se contente plus aujourd'hui de revêtir le vieil édifice d'une robe blanche : on admirait, il y a quelque temps encore, à Saint-Etienne-du-Mont, une chapelle de Sainte-Geneviève, peinte en beau marbre jaune de Sienne, avec des refends régulièrement figurés, comme le fait tout bon peintre en bâtiment qui a un peu de goût. Ce système d'embellissement vient de s'introduire à Notre-Dame, où l'on a enluminé dernièrement, dans le même style, un autel dédié à saint Marcel. C'est un admirable exemple, ou du moins un bel encouragement pour la province, qui depuis long-temps aime beaucoup aussi les marbres; seulement, elle les imite avec moins de perfection que les artistes de la capitale.

La métropole de Paris a, comme toutes les autres églises, perdu son ancien jubé, qui cependant ne gênait point la vue, celui-là, puisqu'il était composé de trois arcades ouvertes. Il a été remplacé sous l'empire par une magnifique balustrade en fer poli, qu'on regrette de ne pas voir au bas ou au haut du grand escalier qui vient d'être établi au château des Tuileries. Quant aux ouvertures du pourtour du chœur, on a accompagné l'architecture du sieur Robert de Cotte, de grilles semblables à celles que l'on place aux fenêtres des boulangers et des marchands de vin ; on a fait justice à l'architecture, mais ces grilles paraissent peu convenables pour le lieu saint.

L'industrie qui ne respecte rien, a voulu étendre sa griffe envahissante sur l'orgue: elle avait imaginé un nouveau genre de soufflerie sans soufflets, espèce de machine pneumatique à manivelle. Cette fois, le prosaïsme industriel a été vaincu, et le poétique instrument recouvrera, nous dit-on, ses antiques et gigantesques soufflets, qui appartiennent à l'orgue, comme l'orgue appartient à l'église.

### SAINTE-OPPORTUNE,

Quartier des Halles.

Petite église, construite sous Charles-le-Chauve, comme supplément à l'ancienne chapelle de Notre-Dame-des-Bois, devenue trop petite pour la population ; le chœur fut abattu dès 1154, la chapelle des Bois et la nef carlovingienne subsistèrent jusqu'à la fin du dix-huitième siècle. Leur emplacement est livré depuis lors à la voie publique.

### SAINT-PAUL.

Eglise bâtie sous le règne de Charles VI ; remplacée par des maisons d'habitation.

## SAINT-PIERRE-AUX-BOEUFS,

Dans la Cité.

Cette église, construite sous les onzième et douzième siècles, et dont il ne reste que les murs, est occupée par des magasins; de nouveaux alignemens vont la faire disparaître.

## SAINT-PIERRE-DES-ARCIS,

Rue de la Vieille-Draperie.

Église du douzième siècle, sur l'emplacement de laquelle on a élevé des maisons particulières.

## SAINT-SÉPULCRE,

Rue Saint-Denis.

Chœur du quatorzième siècle; a été remplacé par la cour Batave.

## SAINT-SÉVERIN.

Église gothique de diverses époques, agrandie vers la fin du quinzième siècle. Le chœur a été modernisé avec des marbres et des dorures en 1684; enfin on a supprimé le portail principal, il y a quelques années, pour le remplacer par une petite porte mesquine qui n'est qu'une simple percée à ogive dans la muraille.

## SAINT-VICTOR (ABBAYE DE).

Église bâtie sous François Ier. On avait conservé l'ancien chœur et l'église souterraine, tous deux faits dans le douzième siècle, sous Louis-le-Gros. L'emplacement de l'église et du monastère se trouve compris dans celui qui est occupé aujourd'hui par la halle aux Vins.

## SAINT-YVES,

Rue Saint-Jacques.

Eglise bâtie en 1348, à l'un des coins de la rue des Noyers. Il n'en reste plus aucun vestige. Elle a été remplacée par des maisons d'habitation.

# Table
# DES CHAPITRES
CONTENUS
## DANS CE VOLUME.

FIN DE LA TABLE.

# Extrait
## DU CATALOGUE
### DE J. ANGÉ ET C^IE.

DELACROIX. — MÉLANGES de Morale et de Littérature, en vers et en prose, à l'usage de la Jeunesse. 2 vol. in-12, édition de luxe, avec encadremens, vignettes, lettres ornées, etc. Prix : 5 fr.
Par la poste : 6 fr.

Ces deux volumes se vendent séparément, sous les titres de

MÉLANGES de Morale et de Littérature, à l'usage de la Jeunesse. 1 vol. in-12. Prix : 2 fr. 50 c.

MORCEAUX CHOISIS, en vers et en prose, à l'usage de la Jeunesse. 1 vol. in-12. Prix : 2 fr. 50 c.

DERNIÈRE ÉPOQUE de l'Histoire de Charles X, par M. DE MONTBEL, ancien ministre de Sa Majesté. 1 volume in-18. Prix : 50 c.

LE DUC DE REICHSTADT, par le même. 1 vol. in-8°, avec portrait et *fac simile,* imprimé pour faire suite à l'*Histoire de Napoléon,* par M. de Norvins. 3^e édition. Prix : 7 fr.
Par la poste : 8 fr.

DELACROIX. — DICTIONNAIRE historique d'Éducation, ou Choix d'exemples et de faits puisés dans l'histoire ancienne et moderne, propres à former et à enrichir toutes les facultés de l'ame et de l'esprit, d'après Jean Filassier; ouvrage entièrement refondu, et augmenté d'une foule de traits de l'histoire contemporaine, *religieuse, politique* et *militaire,* depuis 1789. 2 vol. grand in-8°, de 50 feuilles chacun, publiés en 4 livraisons de 25 feuilles, avec couvertures imprimées.
Prix de chaque livraison : 4 fr.

La première livraison paraîtra le 1^er mars prochain.

BIOGRAPHIE universelle des Croyans célèbres, par tous les hommes illustres de l'univers.

Cet ouvrage sera publié par demi-volume de 18 feuilles en 8 livraisons régulières.

Prix de chaque livraison, prise à Paris : 3 fr. 50 c.
——————— par la poste : 4 fr. 50 c.

Les deux premières livraisons sont en vente, et les autres paraîtront de mois en mois.

CODE SACRÉ, ou Exposé comparatif de toutes les Religions de la terre; par M. Anot de Maizières; 30 tableaux, précédés d'une Introduction à l'Histoire des Révolutions religieuses. 1 vol. grand in-folio. Prix : 50 fr.
Relié, dos maroquin : 56 fr.

HISTOIRE de l'ancien et du nouveau Testament, par de Royaumont, prieur de Sombreval. 1 vol. in-8° de 36 feuilles, 267 vignettes, papier vélin. Prix : 6 fr.

ÉLÉGIES, par M. A. Mauge, procureur du Roi. 1 vol. in-18, papier vélin. Prix : 3 fr. 50 c.

MÉTHODE DE PLAIN-CHANT, à l'usage de toute la France; par M. Mathieu, ex-maître de chapelle à Versailles. 1 vol. in-12. Prix : 3 fr.

REVUE religieuse et édifiante, journal mensuel, consacré à la piété, publié sous les auspices de plusieurs de NN. SS. les Evêques de France, avec le concours de MM. Delacroix, *directeur;* l'abbé Cœur, Ballanche, Roselly de Lorgues, l'abbé Grivel, d'Exauvillez, Madrolle, de Chantal, Charles Laurent, Taillandier, l'abbé Devoille, etc.

Il paraît du 15 au 20 de chaque mois une livraison grand in-8°, composée de 32 pages encadrées, dont chacune contient 50 lignes, et chaque ligne 70 lettres, ce qui donne la matière d'un volume ordinaire de 150 pages. — Chaque livraison a une couverture imprimée de papier fin de couleur, avec vignettes et sujets religieux.

Prix de l'abonnement pour un an : 8 fr., franc de port pour toute la France.

Il est aussi tiré une édition de luxe, sur papier superfin satiné, dont le prix est de 10 francs.

MAULDE ET RENOU, IMPRIMEURS,
Rue Bailleul, 9 et 11.

www.ingramcontent.com/pod-product-compliance
Ingram Content Group UK Ltd.
Pitfield, Milton Keynes, MK11 3LW, UK
UKHW012213240726
13966UKWH00002B/726

9 782013 041249